미래를먼저

경험했습니다

**아프간 난민과 함께한
울산의 1년**

미래를 먼저 경험했습니다

김영화
지음

메멘토

2023년 2월, 울산 동구 중앙아파트 앞마당에서 아프간 아이들이 뛰어노는 모습.
아프간 특별기여자 가족들이 울산에 안정적으로 정착할 수 있었던 것은
지난 30년간 쌓아 온 이주민 지원 현장의 역량이 발휘된 결과일지 모른다.

탈레반의 위협 속에서 한국 정부에 구조를 요청한
아프간인들을 공군 수송기로 이송한 '미라클 작전'은,
말 그대로 기적을 바라며 시도한 군사작전이다.

2021년 8월 25일, 외교부 제공

공군 수송기를 타고 카불에서 파키스탄으로 갔다가
다시 인천공항까지 오는 데 꼬박 하루가 걸렸다.
긴 여정을 마친 아프간 아이들 손에는 법무부 관계자들이
환영 선물로 준 토끼 인형이 들렸다.

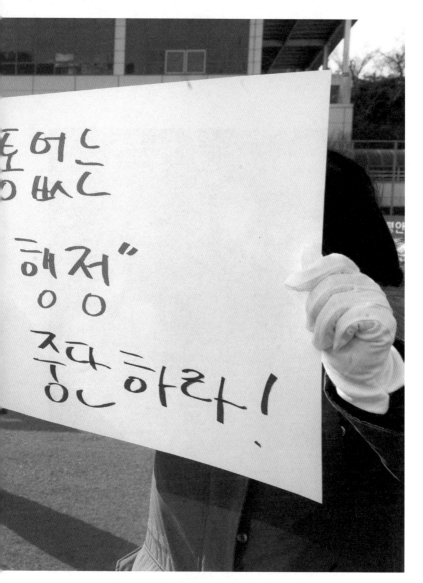

아프간 아이들의 입학을 반대하는 초등학교 학부모들.
아프간 특별기여자들이 울산에 정착한다는 소식을 접하자
미라클 작전의 감동이 충격으로 바뀌었다.
난민이 내 이웃이 될 줄은 몰랐던 것이다.

2022년 3월 21일 첫 등굣길,
노옥희 교육감이 아프간 학생의 손을 꼭 잡고
서부초등학교로 가고 있다.
이때부터 난민 반대 여론이 서서히 가라앉았다.
'한 명의 아이도 포기하지 않는 울산 교육'이 그의 교육철학이었다.

아프간 가족의 정착에 발 벗고 나서서
'아프간의 아버지'로 불린
김창유 현대중공업 동반성장지원부 책임.
20년간 외국인 노동자 지원 업무를 해 온
그는 외국인 열 명이 들어오면 아흔 명의
일자리가 지켜진다고 말한다.

ⓒ〈시사IN〉

©김영화

아프간 학생들의 정착 지원을 맡게 된 교육협력담당관실
대외협력팀의 장영복 팀장(왼쪽)과 김정헌 주무관은
학부모와 교사 들을 위해 이슬람 이해 교육을 여러 차례 기획했다.
장 팀장은 "어떤 갈등이든지 현장에 답이 있는 것 같다"고 말했다.

© 〈시사IN〉

울산 동구 다문화가족지원센터의 이정숙 센터장은
이주민 교육과 상담의 노하우가 있다는 이유로
난생처음 난민 지원 업무를 맡았다.
그가 기획한 '함께 하다' 프로그램을 통해
내국인 가정 열 팀이 아프간 가정을 만났다.

김지수 씨는 아프간 특별기여자 정착 지원 사업 전담
사회복지사였다. 늘 최악의 경우를 염려해야 하고,
수면 위로 드러나지 않는 문제들을 파악해야 했다.
"적당히 해서는 안 되는 일"이었다.

김호산나 통역사는 세 살 때
타지키스탄으로 이주해 10년을 살았다.
진천에서 아프간 특별기여자들을 처음 만났을 때
옛날 타지키스탄으로 돌아간 것처럼 반가웠다.

© 〈시사IN〉

일주일에 한 번 중앙아파트 앞에서 열리는 간이 시장.
할랄 인증을 받은 닭고기부터 인도 쌀,
고수, 대추야자, 리코타 치즈, 칠리 파우더,
밀가루, 녹두, 우유 등을 담은 상자가
아스팔트 바닥에 가지런히 깔렸다.

©〈시사IN〉

울산 동구에서 '샬리마 월드 마트'를 운영하는
파키스탄인 오마르 씨(오른쪽 끝)가 식자재를 싣고 왔다.
언어도 문화도 같은 아프간인들에게
뭐라도 도움이 되고 싶어 배달을 시작했다.

©〈경향신문〉

2022년 4월 5일, 아프간 특별기여자의 중고생 딸들이 등교하고 있다.
아프간이었다면 상상하기 어려웠을 모습이다.
탈레반이 카불을 장악한 뒤로 여학생들의 등교를 막았기 때문이다.

ⓒ《시사IN》

아이들은 울산에 처음 왔을 때보다 키가 많이 컸다.
에너지가 넘치는 두 친구는 초등학교 여자 축구팀에도 들어갔다.

고등학생 와리스의 방 곳곳에 100점짜리 받아쓰기 답안지며
한국어가 쓰인 메모지가 붙어 있다.
일곱 식구 살림에 보탬이 되고 싶어
2023년 1월부터 식당에서 서빙 아르바이트를 시작했다.

다른 아프간 어머니들보다 한국어에 능숙해 '아프간 어머니 대표'로 불린 사지아 씨가
한국어를 공부하기 위해 삐뚤빼뚤 써 내려간 편지에 이런 대목이 나온다.
"울산이라는 도시에 와서 집 밖을 나갈 때마다 한국인들에게 인사를 했는데
아프간 사람들이 싫다고 하더군요. 걱정이 많이 되었어요."

'손님을 사랑한다'는 속담이 있을 정도로
아프간 사람들은 손님을 극진히 대접한다.
집에 방문할 때마다 녹차와 견과류,
쿠키와 빵 등을 내주었다.

자말과 사지아 가족의 모습.
탈레반의 보복이 두려워 아프간을 탈출하며
사진을 모조리 태워 버린 가족의 앨범에
새로운 추억이 하나둘 채워지고 있었다.

'함께 하다'로 맺어진 두 가족이 교류를 이어 오고 있다.
마르와네와 경아네가 2023년 2월 18일 울산 동구
대왕암 출렁다리에서 즐거운 시간을 보냈다.

차례

2부
갈등

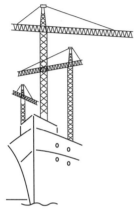

3부
1년 후

울산이라는
첫 단추

2022년 4월 어느 날이다. 회사의 전화 부스 안에서 나는 누군가를 분명 '괴롭히고' 있었다. 전화기 너머 상대방의 난처함이 고스란히 내게 전달되었으니 말이다.

"기자님, 조금은 조심스러운 게요, 저희가 정말 열심히 노력하고 있지만 여러 부모님들이 우려하시는 부분이 큽니다. 정말 예민한 상황이거든요. '저희가 이렇게 노력하고 있습니다.' 하고 말씀드려도 오해가 생길 수 있어서 좀 이른 것 같습니다."

통화 상대는 울산시교육청의 관계자였다. 아프간 특별기여자와 가족들의 이야기를 다루고 싶다고 하자 돌아온 답변이었다. 웬만하면 포기했을 텐데, 이미 여기저기서 섭외가 풀리지 않고 있던 터라 지푸라기라도 잡아야겠다는 심정이었다. 용기를 내어 한 번 더 청했다. 학교에 폐가 안 되도록 최대한 신경 쓰겠다, 좋은 사례로 다루겠다는 등 진땀을 빼며 설득하는 내게 그분이 정중하게 말했다.

"지금 노력하는 게 물거품이 될 수 있어요. 우리 아이들이 피해를 보면 안 되잖아요. 시간이 필요합니다."

더는 설득할 수 없었다.

그로부터 몇 달 뒤, 울산 동구의 한 초등학교에 연락해보았다. 아프간 특별기여자의 자녀들이 입학하면서 반발이 컸던 학교다. 시간이 꽤 지났는데도 전화기 너머 반응이 여전히 차가웠다. 취재에 응할 수 없다고 했다. 섭외의 벽에 부딪쳐 막막해하는 나에게 담당자가 다소 허심탄회하게 이야기했다.

"학교는 학생들을 교육하는 곳인데 언론에 자주 노출되면 면학 분위기를 해치고 학부모들도 불필요한 관심을 가지게 돼요. 다들 너무 관심이 많으셔서 저희로서는 어려움이 많습니다."

재차 양해를 부탁한다는 말을 듣고 이번에도 성과 없이 전화를 내려놓았다. 온몸에 힘이 쭉 빠지는 것 같았다.

기사로 세상을 변화시키겠다고는 못 해도 이 변화무쌍한 한국 사회를 잘 기록하겠다는 다짐은 한다. 하지만 매번

'기록한다'와 '괴롭힌다' 사이에서 아슬아슬한 줄타기를 하게 된다. 기록 대상이 권력자나 정치인이라면 몰라도 이런 경우에는 늘 내적 갈등이 커진다. 아무리 좋은 말로 포장해도 취재 행위는 '민폐'를 동반하고, 보도는 그 의도와 관계없이 누군가의 노력을 '물거품'으로 만들어 버릴 수도 있다. 숱한 거절에는 익숙해져도 '피해'와 '물거품' 같은 단어에는 좀처럼 익숙해지지 않는다.

좋은 기사를 쓰고 싶다는 욕망이 세상을 낫게 바꾸기는커녕 모두를 곤경에 빠트리면 어떡하나? 이주민과 난민 문제를 다루면서 이런 고민을 자주 맞닥뜨린다. 이민자로 뭉뚱그려진 집단 말고 저마다 고유한 서사를 전할 수 있다면 차별을 개선하는 데 도움이 되지 않을까 하는 마음이지만, 정작 이들을 지원하는 현장에서 난색을 표할 때가 많았다. "기자들이야 한번 취재하고 가면 끝이지만, 그다음엔 전부 우리 몫이에요." 2019년에 예멘 난민을 만나려고 제주에 갔다가 들은 성토다. 보도를 계기로 주민들의 반발이 커지거나 비난의 화살이 이주민 단체나 기관으로 향하는 경우가 생긴다. 현장 활동가들이 보기에 언론은 사건이 터지면 '벌떼같이' 달려들다가 이내 잠잠해진다. 정작 관심이 필요한 이들은 시야에서 사라져 버린다. 그러니 언론의 취재 협조 요청이 달갑지 않을 것이다. 마감에 쫓기는 한 마리 벌로서, 별다른 해답을 내놓지 못한 채 고민이 쌓여 갔다.

사실 이주민 문제에 관심을 가지게 된 건 이들에 대한 반발 여론 때문이다. 여러 사안을 취재하고 기사를 쓰지만 유독 이주민 관련 기사에는 공격적인 댓글이 많이 달리곤 했다. 난민의 이야기에는 '가짜 난민'을 운운하거나 '내국인부터 챙기라'는 반응이 이어졌고, 이주 노동자나 결혼 이주 여성의 처우를 알리는 기사에는 '돈을 벌러 온 불법 체류자' 탓에 '오히려 자국민이 역차별을 받는다'는 세계관이 강력하게 작동했다. 그저 온라인의 여론만은 아니었다. 이주 인권 단체의 기자회견이나 집회 현장에 갈 때마다 가까운 곳에서 날 선 반대 구호가 들렸다. '사람답게 살 권리를 보장하라'는 요구와 '불법 체류자를 단속하고 난민을 추방하라'는 요구가 한 공간에서 쩌렁쩌렁 울렸다. 곧 충돌이라도 일어날 듯 아슬아슬해 보였다.

고향을 떠나 타지에 정착하는 삶은 고난의 연속이다. 그럼에도 많은 이들이 더 나은 삶을 꿈꾸며 본국을 떠난다. 유엔에 따르면 이주민은 약 2억 7200만 명으로 전 세계 인구의 약 3.5퍼센트를 차지한다. 우리는 이주민의 삶에 크고 작게 연결되어 있다. 그러나 우리가 한국인 손님의 컵에 찢어진 눈을 그린 독일의 커피숍 직원에게는 분개하면서 정작 국내 이주 노동자나 난민이 겪는 인종차별에는 무관심한 듯하다. 차별의 피해자 편에 섰다가도 이내 가해자가 되는 아이러니다. 『파친코』의 이민진 작가는 《뉴욕타임스》(2022. 3. 18.)에 기고한 「아시아계 미국인은 항상 두려움에 떨며 살아왔다(Asian Americans Have Always Lived With Fear)」는 글에서 "내 인종을 집에 두고 올 수는 없었다"고 말한다. 한때 '이민 수출국'에서 '이민 수입국'으로 변모해 가는 한국 사회에서 이 말은 어떻게 읽혀야 할까?

한동안은 이주민에 대한 반발 여론이 '문제'라고 생각했다. 기사에 댓글을 다는 이들을 상상하며 내 나름대로 그들을 설득해 보려고 했다. 내국인이 역차별받는다는 주장이 사실과 어떻게 다른지, 이주민이 왜 본국을 떠나올 수밖에 없었으며 체류 조건이 얼마나 열악한지를 중점적으로 다뤘다. 하지만 '감성팔이 하지 말라'는 댓글이 줄어들지 않았다. 이주민 문제를 다룰수록 덫에 걸린 것 같았다. 한 이주 관련 전문가는 유럽 사례를 들며 국경을 잘 통제하는 일이 왜 중요한지 강조했다. 그 과정을 무조건 인종차별이라고 단정지어선 곤란하다고 했다. 경제 논리가 관통하고 있는 한국인 고용주와 이주 노동자 간의 쟁점을 보편적 인권이

나 감정적 온정주의에만 기초해서 바라보면 안 된다는 지적이었다.

한편으론 이주 당사자들을 한국 사회에서 '용인받을 수 있는 존재'로 가두는 것은 아닌지 고민이 깊어졌다. 한국어에 얼마나 능숙한지, 일을 얼마나 열심히 하는지, 결과적으로 한국인들에게 얼마나 무해한지에 초점을 맞추다 보면 어느새 내가 만난 개성이 톡톡 튀는 사람은 온데간데없고 단편적인 모습으로만 남는 것 같았다. 이들도 가끔은 실수하고 한국 사회에 비판적이기도 한 사람일 텐데, 이주민을 좀 더 긍정적으로 그리고 싶은 마음이 현실을 곡해하는 것은 아닌지 자문해 보았다. 이주민 관련 기사를 쓸 때마다 내 안의 편견을 마주했고, 설득은 자주 실패했다.

이렇게 답답하던 마음에 시원하게 물꼬가 트인 것이 울산의 아프간 특별기여자들 덕분이다. 이주민 정착이 잘 돼 좋은 사례라서가 아니라, 관점을 달리할 수 있었기 때문이다. 나는 이주민이 아니라 내국인, 즉 한국인에 대해 알고 싶어졌다. 좀 더 구체적으로 말하면, 갑작스럽게 난민 이웃을 맞닥뜨려야 했던 울산 주민들의 이야기가 정말로 궁금했다. 정부의 '미라클 작전'으로 아프간 특별기여자가 입국했을 때 쏟아지던 찬사가 어떻게 한순간에 충격으로 바뀌었는지, 사람들은 왜 반발했으며 누가 어떻게 갈등을 줄이려고 했는지, 무슬림 이웃이 생긴다는 것은 어떤 의미인지 같은 것들이다. 이주민과 1년을 보낸 한국인의 후기라면, 이보다 신뢰할 만한 '근거'가 있을까? 연거푸 거절의 고배를 마시면서 좌절하던 즈음, 꽉 막힌 길에 기적처럼 틈이 생기기 시작했다. 아프간 특별기여자가 울산에 이주한 지 1년이 되어 가던 때다. "그럼 일단 오시죠." 울산시교육청의 또 다른 관계자가 덤덤하게 인터뷰에 응했다. 이 책에 나오는 교육협력담당관실의 장영복 팀장이다. 처음 연락이 닿은 서강대 유로메나연구소의 이수정 교수와 김호산나 통역사, 이정숙 울산 동구 다문화가족지원센터장의 도움도 컸다. 지난 1년간 또는 그보다 오랫동안 숙성된 고민들이 저마다 있는 듯했다. 긴장이 잔뜩 엄습한 상황이 지나고서야 할 수 있는 이야기가 있다. 시간을 둔 것이 한편으로는 다행이었다(그럼에도 당시를 성실히 기록해 온 지역 언론에 많이 빚졌다). 취재 허가가 떨어지자 곧장 사진기자인 신선영 선배와 짐을 쌌다.

이 책은 《시사IN》에 실린 '아프간 특별기여자 아이들 기적의 1년' 커버스토리에서 시작되었다. 2023년 2월 중순 울산 동구에 닷새간 머물면서 1년간의 울산 정착기를 취재하고 나중에 울산과 인천을 다시 찾았다. 아프간 가족을 포함해 이들의 정착에 도움을 준 교육청, 학교, 현대중공업, 다문화센터의 관계자와 지역 주민 등 한국인 30여 명을 인터뷰했다. 이를 바탕으로 1부는 아프간인들이 울산에 오게 된 과정, 2부는 갈등을 해결하는 과정, 3부는 1년 뒤의 이야기로 구성했다. 울산 동구 주민들에게는 분명 예년과 다른 시간이었다. 상처가 컸지만 드물게 이웃이 되기도 했다.

개인적으로 울산 동구에서 확인한 것은 갈등의 '쓸모'다. 오랫동안 다문화 갈등은 악덕 업주와 무력한 이주민 또는 법무부와 이주 인권 단체의 대립 구도로 인식되었다. 매번 날 선 갈등만 부각되고 해결은 요원해 보였다. 그런데 울산에서 만난 이야기는 조금 달랐다. 이들은 학부모들의 반발이 없었다면, 이 많은 인력이 한데 모일 수 없었을 것이라고 했다. 반발이 거센 만큼 지역사회의 공적 에너지가 효율적으로 모일 수 있었다. 또한 고 노옥희 교육감의 포용적 리더십이 큰 영향력을 발휘했다. 그가 보여 준 정치를 통해 나는 다문화 사회에서 일어나는 갈등을 피하거나 침묵하지 않는 태도가 왜 중요한지를 깨달았다. 각 주체가 제 구실을 다하면, 다문화 사회의 불화를 줄일 수 있다는 것을 울산의 시도가 보여 준다.

한국의 미래는 이주민 없이 상상하기 어렵다. 한국은 곧 다문화 국가에 진입한다. 2023년 9월 현재 장·단기 체류 외국인 비율이 4.89퍼센트로 OECD의 다문화 국가 기준인 5퍼센트에 바짝 다가섰다. 인구 감소와 고령화가 이주를 촉진하면서 여러 지역사회가 이주민과 경제적 이해관계로 단단히 묶이고 있다. 그런데도 한국 사회에는 공존의 노하우가 쌓이지 못했다. 울산 동구의 사례가 대부분의 한국 사회와 달랐던 건 주민들이 선해서가 아니라, 이주민 없이는 돌아가지 않는 지역의 현실을 잘 알기 때문이다. 이들은 반대 여론을 그저 가짜뉴스나 혐오로 치부해 버리지 않았다. 서로의 이견을 적대시하지 않으면서 합의점을 찾으려던 순간이 지역사회 곳곳에 있었다.

이주를 둘러싼 갈등은 한국 사회에 점점 더 어려운 질문을 던질 것이다. 이주가 한 국가를 문화적으로 다채롭게 만들기도 하지만, 문화적 다양성이 종종 사회 갈등의 원인이 되기 때문이다. 실제로 최근 유럽 각국은 이민자를 밀어내며 국경 통제를 강화하고 있다. 반이민 정서도 거세졌다. 그럼에도 우리보다 앞서 고민을 시작한 지역에선 이제 이주 없이 미래를 논할 수 없다는 견해가 중론으로 자리 잡고 있다. 이주민이 경제의 버팀목이라는 사실을 인정하면서다. 독일의 싱크탱크 베르텔스만재단은 독일 사회가 "더 작아지고, 더 노화하고, 더 다채로워질" 것으로 예측했다.[1] 다양성이 곧 기회라는 사실을 보여 주는 사례도 쌓여 가는 셈이다. 이제 한국에도 울산이라는 사례가 생겼다고 할 수 있을까?

처음 출판 제의를 받았을 때 아프간 특별기여자의 울산 정착 사례 하나로 책을 쓸 수 있을지 고민되었다. 이주 인권과 관련해 공론화해야 할 의제가 여전히 많은데 아프간 난민 사례로 다문화 사회의 쟁점을 전달하는 게 맞는지 확신이 없었다. 특별기여자라는 이름에서 드러나듯 이들은 다른 난민에 비해 운이 좋았다. 그런데 취재를 하면서 고민이 자연스럽게 풀렸다. 아프간 아버지를 고용한 현대중공업, 아프간 어머니를 지원한 다문화센터, 또 아프간 자녀를 가르친 학교와 교육청까지 다문화 사회를 고민해 온 기관들이 결합해 있었기 때문이다. 아프간 가족의 정착기는 지난 30년간 쌓아 온 이주민 지원 현장의 역량이 발휘된 결과처럼 보였다.

다문화 사회를 기록한다면 2023년 현재 전체 인구 중 외국인이 14퍼센트인 안산시 같은 곳을 주목해야 하지 않겠냐고 물을 수도 있다. 하지만 이주가 서서히 진행된 지역과 울산처럼 갑작스럽게 닥친 지역의 상황은 전혀 다르다. 그래서 울산의 1년을 정리해 보는 게 중요하다. 곧 다문화 사회에 진입하는 국내 현실과 불안한 국제 정세를 고려한다면 울산의 경험은 어디에서나 일어날 수 있는 일이기 때문이다. '미라클 작전'이라는 대한민국 정부의 전례 없는 수송 작전이 아니더라도, 급작스러운 난민 위기는 언제든 벌어질 수 있다. 그때마다 혼란을 반복할지 또는 더 나은 공존을 꾀할지는 결국 우리 몫이다.

출판을 제의한 메멘토의 박숙희 대표 덕분에 2021년 미국에서 나온 책 『난민 고등학교(Refugee High)』를 알게 되었다. 미국에서 난민과 이주민 비율이 가장 높은 시카고에 있는 로저 C. 설리번(Roger C. Sullivan) 고등학교의 이야기다. 월간지 《시카고》의 기자 엘리 피시먼(Elly Fishman)이 최악의 난민 위기와 도널드 트럼프 대통령의 당선이 겹쳐진 2017년, 전 세계 35개국에서 떠나온 약 300명의 '보금자리'가 된 학교를 취재하며 이들의 고난과 꿈을 입체적으로 그려 냈다. 이 책에서 피시먼은 이렇게 말한다. "설리번 고등학교는 앞으로 미국이 어떤 모습으로 변하든 새 이민자를 환영하는 이 나라의 오랜 전통을 이어 갈 것이다. 이들의 이야기는 가장 도움이 필요한 사람들에게 안식처를 제공하는 미국의 모습을 반영한다." 전례 없는 반이민 정서가 확산하는 와중에도 실의나 냉소에 빠지지 않는 태도, 공교육의 책무를 다하기 위한 보이지 않는 분투를 엿본다. 어떤 변화는 이런 기록들이 모여서 시작될 것이다.

나도 울산 동구가 알아낸 것들을 꼼꼼히 기록하겠다며 시작했는데, 다 쓰고 나니 불충분한 기록이다. 주저하다가 더 다가가지 못한 순간, 더 다가가려다 실패한 순간이 많다. 공존을 위한 누군가의 노력을 물거품으로 만들 수 있지 않느냐는 처음의 물음에 대해서도 여전히 자신이 없다. 다만 '무해한 이주민'이나 '냉담한 한국인'을 넘어 저마다 자리에서 제구실을 다하는 사람들의 모습을 포착하려 한 점은 분명하다. 아프간 가족들과 함께한 울산의 1년을 미화하거나 비판하지 않고 최대한 객관적으로 기록하려고 노력했다. 어쩌면 일하면서 연결되는 평범한 사람들의 이야기다. 다문화 사회의 갈등을 피하지 않고 해결하려 애쓴 사람들의 이야기다. 완성된 미담이 아니라 현재진행 중인 고군분투로 읽히면 좋겠다.

취재 중에 듣고 잊히지 않은 말이 있다. "울산은 다가올 미래를 먼저 경험했다." 갈피를 잡지 못할 때마다 이 말을 희미한 등불처럼 따라갔다. 어려운 상황에서도 자신의 이 야기를 내어 준 아프간인, 한국인 인터뷰이들께 지면을 빌 려 진심으로 감사하다는 말씀을 전한다. 그분들의 용기가 있었기에 이 이야기가 세상에 나올 수 있었다. 인권의 관점 에서 원고를 꼼꼼히 검수해 주신 김현미 교수님께도 감사 드린다. 미처 생각지 못한 부분들을 찬찬히 메우면서 정확 성을 더 기할 수 있었다. 김현미 교수님과 함께 멋진 추천 사를 써 주신 천창수 교육감님, 정혜윤 피디님께도 진심으 로 감사 드린다.

아프간인과 한국인은 서로에게 "그냥 사람", "다 똑같은 사람"이라고 말한다. 그들이 우리에게 적응하는 만큼 우리 도 그들에게 적응해야 한다는 사실을 알게 되었다. 적응은 쌍방향이다. '다가올 미래'에 참조할 만한 것이 되기를 바라 는 마음으로 썼다. 그래서 이 이야기는 울산 동구만의 것이 아니다. 외지인의 이야기로 시작하지만, 그 끝은 한국인의 이야기일 수밖에 없다.

1부

이주

부역자로 처단될
위험을 피해

자말, 사지아의 이야기

아프간 카불의 삶~2021년 8월 26일
인천공항 도착

집을 떠나기 전에 가족사진을 모조리 태웠다. 혹시라도 탈레반이 빈집을 뒤지다 사진을 발견한다면 친척들까지 보복 위험에 놓일 수 있기 때문이었다. 20년 전에 찍은 자말과 사지아의 결혼사진도 그중 하나다. 알리와 파르니안과 이먼, 세 남매의 어린 시절이 담긴 사진은 태우기 전에 잠시나마 눈에 담았다. 까맣게 타 버린 재를 보며 자말 씨는 슬

프면서도 안심이 되었다.

다섯 식구의 피난 가방은 단출했다. 얼마나 걸릴지 모르는 여정인 만큼 가능한 한 손이 가벼워야 했다. 옷 한 벌만 챙기라는 자말 씨의 부탁을 맏아들 알리는 이해했지만, 열한 살인 딸 파르니안과 열 살짜리 아들 이먼은 통 모르겠다는 표정이었다. "한국이라면 우리 가족이 안전하게 살 수 있을 거야. 지금 떠나지 않으면 우리한테 어떤 일이 벌어질지 몰라." 황급히 짐을 싸던 자말 씨가 남매를 붙들고 말했다. 이때 아프간을 떠나려는 사람들이 카불 공항에 몰려들고 있다는 소식이 들렸다. 탈레반의 검문검색도 강화되고 있었다. 한 치 앞을 알 수 없는 상황이 이어지던 2021년 8월 23일, 자말과 사지아 부부는 세 아이를 데리고 서둘러 공항으로 향했다.

아프간의 한국인들에게 '자말'은 익숙한 이름이었다. 그는 대학을 졸업하고 2001년부터 2015년까지 아프간 공적개발원조(ODA) 관련 한국 기관과 바그람 한국병원 등에서 한국인들과 일했다. 2001년은 한국 정부가 아프간에 파병을 시작한 해다. '테러와의 전쟁'을 명분으로 아프간을 공격한 미국이 한국에 '지원 요청'을 했고, 그 이후 한국 정부는 국제사회와 손잡고 아프간 재건 사업에 참여했다. 그 결과,

2008년 바그람 공군기지에 한국병원과 한국직업훈련원이 만들어졌다. 2010년 7월에는 군인뿐만 아니라 공무원과 의료진을 포함해 140여 명으로 구성된 지방재건팀(PRT)도 파견했다. 높은 산으로 둘러싸인 고원지대인 데다 전쟁 상황이 이어진 만큼 이들에게는 현지인의 도움이 필요했다. 한국인과 일해 본 자말 씨에게 '바그람으로 와 달라'는 제의가 들어온 것이 이때다.

한국병원은 흰색으로 칠해진 2층짜리 콘크리트 건물이었다. 전면 위쪽에 '코리언 호스피털(KOREAN HOSPITAL)'이라는 파란색 영문이 큼지막하게 쓰여 있고 한국, 미국, 아프간 국기가 나란히 걸렸다. 무료로 진료했기 때문에 큰 인기를 얻었다. 환자들이 진료일 전날 밤부터 공군기지 앞에 길게 줄을 설 정도였다. 사정이 이렇다 보니 자말 씨가 속한 병원 원무과는 업무가 가장 까다로운 부서로 꼽혔다. 매일 기지로 찾아오는 환자가 300여 명, 이들의 출입을 관리하며 때로는 몸수색을 했으며 현지 의료진과 소통할 수 있게 영어 통역도 도와야 했다. 게다가 돌발 상황이 많았다. 그래도 상냥하고 친화력 좋은 성격 때문인지 자말 씨는 민원 업무에 능했다. 한국인 동료들도 그런 그에게 고마워했다. 지방재건팀이 있던 4년간 한국병원에서는 16만여 명

을 진료했고, 직업훈련원에서는 439명이 졸업했으며 이 중 92퍼센트가 취업에 성공했다고 한다.[2]

이 무렵 알리, 파르니안, 이먼, 세 아이가 태어났다. 미군이 주둔한 동안 아프간에 크고 작은 내전이 있었지만 자말 가족의 삶에 큰 영향이 미치진 않았다. 비교적 평화롭던 시기다. 뜨개질 솜씨가 좋은 사지아 씨는 아기 옷을 만들어 팔고 학교에서 여학생들에게 뜨개질을 가르치기도 했다. 무슬림인 사지아 씨는 남녀가 유별하다거나 여자는 고등교육을 받지 않아도 된다는 오래된 관념에 동의하지 않았다. 엄마를 닮아 독립심이 강한 알리는 대학 진학을 앞두고 있었고, 파르니안과 이먼은 각각 외과 의사와 치과 의사가 되고 싶은 초등학생이었다. 아프간 사회에서는 엘리트 계층에 속했기 때문에 넉넉하지는 않아도 미래를 차근차근 계획할 수 있었다. 여자 혼자 시장이나 병원에 가는 것, 딸을 학교에 보내는 것도 가능하던 시절이다.

그런데 2021년 8월 15일, 탈레반이 카불에 입성했다. 평범한 일상도 깨졌다. 미군의 철수 발표 뒤 넉 달 만에 벌어진 일이다. 2001년 뉴욕에서 발생한 9·11 테러를 계기로 시작된 전쟁이다. 테러 배후에 있던 무장 단체 알카에다와 그 수장인 오사마 빈 라덴을 아프간의 탈레반 정권이 보호하고 있다고 본 미국 정부가 같은 해 10월 7일에 아프간을 침공했다. 그리고 두 달 만에 카불을 함락한 미군은 탈레반 정권을 몰아내며 안정화 작전을 위해 주둔을 결정한다. 미국 역사상 가장 긴 전쟁으로 불린 아프간 전쟁의 터널로 들어간 것이다.

2021년 4월 14일, 미국의 조 바이든 대통령이 "끝없는 전쟁을 끝낼 때가 됐다"며 9·11 테러 20주기가 되는 9월 11일까지 아프간에서 미군을 완전 철수하겠다고 공식 발표했다. 알카에다 지도자인 빈 라덴을 미군 작전으로 제거한 데다 미국의 자원을 20년 전 정책에 묶어 둘 여유가 없다는 것이 이유였다. 이때 아프간에는 미군 2500여 명과 나토 동맹군 7000여 명이 주둔하고 있었다. 이 병력이 빠져나가면 탈레반이 다시 집권할 것이라고 경고하는 목소리가 나왔지만, 미국은 아프간 정부군이 탈레반을 충분히 막아 낼 것으로 기대했다. 하지만 미국인들의 대피가 본격적으로 시작되기도 전에 탈레반은 카불을 점령하고 아슈라프 가니 대통령은 국외로 도피했다. 8월 15일에 대통령궁을 점령한 탈레반은 "전쟁이 끝났다"고 선언했다.

미군의 철수가 발표되자마자 자말 씨는 가족이 위험해질 수 있다고 직감했다. 그의 아버지도 1996년에 무장 게릴라 조직인 무자헤딘의 공격으로 희생되었기 때문이다. "그들은 카불 도심에 매일같이 폭탄을 떨어트렸어요. 그날 아침 집에서 나간 아버지를 형이 찾으러 간 기억이 나요. 아버지는 폭탄 테러로 목숨을 잃었습니다." 무자헤딘이 쇠퇴하고 그 일부 세력은 탈레반이 되었다. 아프간어로 '학생'을 뜻하는 탈레반은 소련-아프간 전쟁 뒤 혼란한 정세를 틈타 1996년부터 2001년까지 집권하며 이슬람 근본주의를 극단적으로 해석하고 폭압 통치를 정당화했다. "탈레반이 오고 나서 내 삶을 송두리째 빼앗겼어요." 탈레반이 카불을 재점령한 뒤 자말 씨는 한 번도 집에서 나가지 않았다고 한다. 아니, 나가지 못했다.

사지아 씨에게 닥친 상황도 절망적이었다. 여성 탄압은 탈레반 통치의 또 다른 이름이다. 1990년대 탈레반 집권기에 여성의 교육과 취업이 전면 금지됐을 뿐만 아니라 온몸을 가리고 눈만 내놓는 부르카 착용이 의무화되었다. 화장부터 손톱 손질은 물론이고, 남성 동반 없는 이동이나 큰 웃음까지 가혹한 처벌의 대상이 되었다. "과거 아프간 여성들은 한국 여성들처럼 자유롭게 치마를 입고 머리를 기르면서 살았어요. 이슬람은 여성과 남성이 똑같이 평등하다고 말해요. 하지만 탈레반은 머리에 스카프를 두르지 않았다는 이유로 여성을 위협했습니다." 1981년생인 그도 어릴 때 이런 일을 겪었다. 20년 만에 재집권한 탈레반이 국제사회의 여론을 의식한 듯 여성 인권을 존중할 것이라고 선언했으나, 바로 그날 부르카를 입지 않았다는 이유로 한 여성이 총에 맞아 숨지는 일이 벌어졌다. 사지아 씨에게 20년 전과 달라진 게 있다면 딸을 둔 엄마가 되었다는 사실이다. 이런 곳에서 살아갈 어린 자녀를 생각할 때 숨이 턱 막히는 기분이었다.

무엇보다 외국 정부를 돕는 일을 한 자말 씨는 부역자로 처단될 위험이 컸다. 탈레반은 서방국가에 협조한 이들을 반란 세력으로 규정한다. 2010년부터 2011년까지 바그람 한국병원장을 지낸 일산백병원 손문준 교수가 이렇게 말했다. "저희가 근무할 때도 탈레반의 위협을 받았어요. 한국 정부의 지방재건팀 사업은 굉장히 공개적으로 진행한 사업이었거든요. 실제로 기지 바깥에 임무를 수행하러 간 외교부 직원이 탈레반의 공격을 받은 적도 있어요." 그는 바이든 정부의 철군 결정이 나온 뒤 아프간 상황을 주시했는데, 페이스북에 '구조 요청'이 쏟아지고 있었다. "미군과 협력한 아프간 현지인들이 누구인지 대략 알려져 있어요. 한국도 6·25전쟁 때 남한 혹은 북한에 부역했다는 혐의로 수많은 민간인 학살이 자행되었잖아요. 당사자들에겐 그 정도의 위협일 거예요."

각국 정부가 이미 자국민과 현지인 협력자를 대피시키고 있었다. 외신에 따르면, 탈레반 장악 후 열흘 동안 8만 2000명 이상이 카불 공항을 통해 아프간에서 탈출했다. 5월부터 SNS로 아프간인들의 대피를 돕던 손 교수는 처음에 미국이나 유럽 쪽을 알아봤다. 그런데 다른 나라로 들어가기가 쉽지 않아 보였다. 한국대사관에서 추천서를 써 주더라도 미국이 받아 줄지 확실하지 않았기 때문이다. "차라리 한국에 올 방법은 없나요? 그게 더 빠르지 않나요?" 한국과 일하던 사람들이니 우리가 데려오는 게 쉽지 않겠냐는 생각에서 손 교수가 7월 중순 외교부에 문의할 때만 해도 상황이 이렇게 급변할 줄은 몰랐다. 탈레반 점령과 주아프간 대사관 철수가 눈 깜짝할 새 벌어졌다. 손 교수는 애가 탔다. 한국 정부의 대피 작전이 시작된다는 소식이 알려지자 그가 SNS를 다시 열었다. "한국 정부가 대피 작전을 수행할 거야. 조금만 기다려 줘."

한국 정부에 구조를 요청한 아프간인 400여 명을 이송하기 위해 왕복 2만 킬로미터 이상을 운항해야 하는 전례 없는 군사작전, '미라클 작전'이다. 불가능에 가까워서 말

그대로 기적을 바라며 붙인 이름이다. 손 교수는 이 작전의 의미에 대해 이렇게 말했다. "바그람 공군기지에 파견된 지방재건팀은 경찰부터 의사, 교사, 건설업 종사자까지 서로 만나기 어려운 분들을 모아 둔 조그마한 사회 같았거든요. 그분들이 이번 미라클 작전에서도 다 같이 연결되어 크고 작은 기여를 했어요. 국제적 위기에 놓인 난민을 구출해야 한다는 인식이 전 사회적으로 번져 가는 계기가 된 것 같아요." 게다가 교민과 공관 인원 들은 이미 국내로 이송한 상황에서 카불로 돌아가는 것은, 현지 협력자를 데려오기 위해 위험을 감수한다는 의미가 있었다. 처음에는 민간 전세기를 이용하려 했으나 아프간 내 상황이 급박해지면서 군 수송기를 투입했다.

자말 가족의 피난길이 이렇게 열렸다. 그 전에도 공항에 갔지만 난생처음 보는 풍경이 벌어졌다고 자말 씨는 말했다. 아이부터 어른까지 수천 명에 이르는 피난민으로 거리가 붐볐고, 곳곳에서 폭발음과 총격 소리가 들렸다. 공항으로 가는 길목마다 총을 찬 탈레반 병사들이 가로막고 있는 탓에 오도 가도 못하는 상황이 이어졌다. 탈레반 병사에게 휴대전화를 빼앗기거나 폭행당하는 피난민도 있으니 꼭 조심하라는 이야길 다시금 새겨야 했다. 공항으로 가는 길에 나선 자말 씨에겐 '그저 가족들을 구해야 한다'는 생각뿐이었다. 섭씨 40도에 이르는 무더운 날씨였다. 모래와 먼지로 자욱했다.

절체절명의 위기를 겪는 건 미라클 작전에 투입된 한국 외교부 공무원들도 마찬가지였다. 피랍이라는 최악의 변수까지 염두에 둬야 하는 상황이었다. 아프간에 간다는 사실을 가족에게 말하지 못한 이도 있었다.[3] 400명 가까운 인원이 공항 인근에서 방황하고 있을 때, 미국 정부가 대피 작전에 썼다는 '버스 모델'에서 극적으로 도움을 얻었다. 탈레반과 협상해 현지에서 버스를 확보한 뒤 협력자들을 카불 시내에서 공항까지 안전하게 데려오는 계획이었다. 이렇게 한국 정부가 마련한 전세 버스 네 대가 대기하고 있다는 소식을 접한 자말 씨는 서둘러 버스를 찾아 나섰다.

버스 안은 캄캄했다. 탈레반의 눈길을 피하려고 창문을 검게 가렸다. 50인승 버스에 태어난 지 일주일도 안 된 아기도 보였다. 물도 밥도 먹지 못한 채 냉방조차 안 되는 버스 안에서 열네 시간 내내 숨죽이고 있었다. 얼마쯤 지나 탈레반 대원 한 명이 버스에 오르더니 한국 외교부가 협력자들에게 발급한 증명서가 사본이라는 걸 문제 삼았다. 사지아 씨는 이때 가장 두려웠다고 회상한다. 탈레반이 버스를 놓아주지 않으면, 그래서 되돌아간다면 정말 큰일이었다. 버스 밖에서 총성이 들릴 때마다 아이들이 울었지만 어른들은 아이 등을 토닥일 뿐이었다. 결국 공항에서 기다리던 김일응 주아프간 대사관 공사참사관이 직접 증명서 원본을 들고 나갔고, 그제서야 탈레반이 버스를 놔주었다. 한숨도 못 자며 밤을 새우고서야 공항에 들어설 수 있었다. 사지아 씨는 그제야 왈칵 울음이 터져 나왔다. 2021년 8월 25일 새벽 4시경이다.[4]

군 수송기가 카불을 뜨는 순간 기내에서 안도의 환호성이 터졌다. 민간 항공기가 아니라서 폭신한 좌석 대신 바닥에 웅크리고 앉아야 했어도 사지아 씨에겐 문제가 되지 않았다. 고기를 먹지 않는 이들을 위해 빵과 음료수, 아기를 위한 분유와 매트리스가 준비되어 있었다. 카불 공항에서 파키스탄 이슬라마바드 공항을 거쳐 인천공항까지 오는 데 꼬박 하루가 넘게 걸렸다. 2021년 8월 26일, 아프간 특별기 여자와 가족 377명이 1차로 한국에 도착했다. 바로 이날, 대피 작전이 진행 중이던 카불 공항 인근에서는 연쇄 폭발이 발생했다. 사상자가 수백 명이라는 보도가 이어졌다. 본국에 돌아갈 수 없는 난민이 되었다는 사실을, 자말 씨는 5000킬로미터를 떠나온 뒤 다시 실감했다.

한국 정부는 이들을 난민 대신 '특별기여자'라고 불렀다. 이들의 입국을 앞둔 8월 25일 언론 브리핑에서 최종문 외교부 2차관이 이렇게 밝혔다. "정부는 우리와 함께 일한 동료들이 처한 심각한 상황에 대한 도의적 책임, 국제사회 일원으로서의 책임, 인권 선진국으로서의 국제적 위상, 그리고 유사한 입장에 처한 아프간인들을 다른 나라들도 대거 국내 이송한 점 등을 감안하여 8월 이들의 국내 수용 방침을 결정했습니다. 이들은 난민이 아니라 특별공로자로 국내에 들어오는 것임을 말씀 드립니다." 아프간 특별기여자와 가족은 '난민법'에 따른 '난민인정자'와 같은 처우를 받게 된다고도 했다. 난민인정자는 거주(F-2) 자격을 받아 국내에 정착하는 한편 별도의 허가 절차 없이 취업도 할 수 있다.

경기도 김포에서 하룻밤 묵은 뒤 충북 진천으로 가는 길에는 비가 흩뿌렸다. 진천의 국가공무원인재개발원은 아프간 특별기여자와 가족들이 6주 동안 머무른 숙소이자 첫 쉼터다. 이들은 고원지대인 카불과 다른 풍경이 새롭고 낯설었다. 사지아 씨는 가족 모두가 이제 안전하다는 사실만으로도 다행이라고 생각했다. 난생처음 겪은 여정이 피곤했을 아이들은 버스에 몸을 싣자마자 쿨쿨 잤다. 진천 숙소에 가까워지자 버스 창밖으로는 아프간어가 쓰인 현수막이 여럿 보였다. "여러분의 아픔을 함께합니다. 머무는 동안 편하게 지내다 가시길 바랍니다." 이런 글귀 옆으로 한국과 아프간 국기가 나란히 그려졌다. 반대 여론 때문에 더 많이 모여든 취재진이 인재개발원 앞에 우산을 쓴 채 기다리고 있었다. 마스크를 쓴 아이들이 창문을 빼꼼 열고 그들을 향해 손을 흔들었다.

외국인 지원 업무의
달인이 되다

현대중공업 동반성장지원부
김창유 책임의 이야기

2022년 1~2월
아프간 가족들의 울산 이주

차창 밖으로 아파트 단지가 쉴 새 없이 휙휙 지나가더니 어느 순간 풍경이 달라졌다. 울산을 가로지르는 태화강이 동해와 합류하는 지점이다. 공장 굴뚝이며 조선소 크레인 들이 울산대교 너머로 솟아 있고, 바닷가 선적 부두에는 자동차 수천 대가 가지런하다. "우리가 잘 되는 것이 나라가 잘 되는 것이며 나라가 잘 되는 것이 우리가 잘 될 수 있는 길이다", "고품질 실현" 같은 문구가 공장마다 큼지막하게 붙어 눈길을 끈다. KTX 울산역에서 택시를 타고 동쪽으로 50분을 내리 달리면 볼 수 있는 풍경이다. 창문을 내리자 바다 내음이 은은하게 불어왔다. 한반도 동남쪽 끝자락, 울산 동구로 들어가는 길이다.

20년째 울산 동구에 사는 김창유 씨는 가끔 섬에 사는 것 같다고 생각했다. 다른 동네와 달리 삼면이 바다로 둘러싸여 있기 때문이다. 사람들은 '조선소 동네'라 부르곤 했다. 충남 천안이 고향인 그는 2003년, 현대중공업에 입사하면서 이곳에 정착했다. 대학에서 몽골어를 전공했기 때문인지 외국인 노동자 지원 업무가 주어졌다. 인력 부족을 겪는 제조업 부문의 사업체가 합법적으로 외국인 노동자를 고용할 수 있도록 하는 고용허가제가 2003년 8월에 처음 제정되었다. 산업연수생 제도에서 노동자로 인정받지 못하던 이주 노동자가 이때부터 법적으로 노동자성을 인정받게 된 것이다. 산업연수생 제도는 외국 인력을 노동자가 아닌 산업연수생 신분으로 고용하면서 외국 인력의 편법 활용, 사업장 이탈, 임금 체불, 이주 노동자의 인권침해 같은 문제를 야기했다.[5] 고용허가제를 통해 이주 노동자는 이익 단체가 아닌 정부 기관의 취업 알선을 통해 들어오게 되었다.

현대중공업도 이때부터 기숙사 제공에서 편의 시설까지 외국인의 고용과 관리에 박차를 가했다.

울산이라는 공업 도시를 이런 식으로 외지인들이 채웠다. 현대중공업과 현대미포조선, 세계적 규모의 조선 업체 두 곳이 1970년대 울산 동구에 자리 잡았으니 도시가 한국 중공업 역사와 함께 발전한 셈이다. 조선 업계가 호황이던 시절에 타 지역 노동자들이 일자리를 찾아 몰려들면서 아파트와 학교, 유치원이 하나둘 생겨났다. 산업과 공장 관점에서는 그저 인력이 오는 것이지만, 노동자 편에서 보면 삶과 미래를 거는 일이었다. 곧 삶의 터전이 된다는 뜻이다. 창유 씨도 그사이 울산에서 결혼하고 두 딸의 아버지가 되었다. 20년 전 외국인 노동자를 지원하던 그의 일은 이제 '동반성장지원부'라는 부서로 커졌다.

2022년 1월은 정신없이 바빴다. 법무부에서 아프간 특별기여자들의 일자리를 찾는다는 연락이 왔기 때문이다. 조선소는 늘 인력 수급이 문제였다. '수출 실적 200억 불' '조선소 드림'을 구가하던 조선업이 2010년대에 불황기로 접어들었기 때문이다. 대규모 구조 조정으로 3만이 넘는 인구가 조선소를, 울산 동구를 떠났으며 그 자리에 '소멸 우려 지역'이란 수식어가 남았다. 그리고 이주 노동자는 인력난과 씨름하던 중공업 협력 업체들이 적극적으로 찾아 나서는 대안이 되었다. 창유 씨에 따르면, 현대중공업의 경우 협력 업체에 소속된 인원 1만 명 중 1500여 명이 이주 노동자였다. '외국인 노동자 없으면 조선소 망한다'는 말은 농담이 아니었다. "돈을 아무리 많이 줘도 내국인은 여기에 안 와요. 저도 제 자식은 조선소 안 보내고 싶은걸요. 외국 인들이 안 오면 한국 제조업은 그냥 끝이라고 봐야 해요."

동남아시아 출신 노동자는 많이 받아 봤어도 아프가니 스탄은 처음이었다. 게다가 다들 의사나 간호사, 통역사 같은 엘리트라고 했다. '해 본 적도 없는 일일 텐데, 잘 할 수 있을까?' 아무래도 직접 보고 판단해야겠다 싶었다. 창유 씨가 1월 초에 현대중공업 엔진기계사업부의 협력사 대표 들과 전남 여수로 향했다. 여수 해양경찰교육원은 특별기 여자들이 진천을 떠나 4개월 간 머물면서 사회 적응 교육 을 받은 두 번째 임시 생활 시설이다. 외부인 접근이 제한 되는 곳이라 경비가 삼엄했는데, 창유 씨 기억에 특별기여 자 가족이 생각보다 많다는 것 하나는 분명했다. 이곳에서 지낸 아프간인은 79가구 391명으로, 60퍼센트가 미성년자 이며 여섯 살 미만 아동이 97명이었다. 가족을 부양하는 사 람들은 당장 일이 필요했고, 협력사 대표들은 일할 사람을 원했다. 논의 끝에 협력 업체 열두 곳에서 아프간인 29명을 채용하겠다고 했다. 30대부터 50대까지 남자 28명, 여자 1명이었다.

그런데 이 취업자 29명의 가족을 더하면 157명이었다. 5세 이하 어린아이도 많았다. 당장 숙소부터 구해야 했다. 울산 동구의 중앙아파트가 현대중공업 임직원 사택으로 쓰이다 노후화로 재개발을 앞두고 있었다. 그래도 코로나19 팬데믹이 시작되고는 격리 숙소로 이용되었다. 뒤로는 울창한 언덕이, 옆으로는 드넓은 야외 주차장이 둘러싸고 있어서 택시 기사들도 가끔 위치를 헷갈려하는 곳이다. 창유 씨는 한 동짜리 낡은 건물이라도 살기엔 괜찮겠다는 생각이 들었다. 월세 50만 원이라도 받아야 하지 않겠냐는 의견이 있었지만 받지 않는 것으로 결정되었다. 동구청이 아프간 가족들을 대신해 현대중공업과 2년간 무상 임대 계약을 맺었다.

2월 7일, 아프간 사람들이 예상보다 일찍 도착했다. 대절 버스 네 대를 나눠 타고 온 157명이 중앙아파트 앞에 내렸다. 이때까지만 해도 창유 씨의 관심은 오로지 아버지들이었다. 외국인 지원 업무라면 도가 트인 그가 보기에 늘 3개월이 고비였다. "제가 이 일을 오래 해 보니까 회사도 외국인 노동자도 3개월 안에 적응해야 하더라고요. 아이들 학교 문제나 한국어 수업 때문에 아버지들이 일을 빼먹으면 죽도 밥도 안 되거든요." 조선소 일은 기본적으로 강도가 높기 때문에 힘들어서 관두는 경우가 많다. 그래서 입사 초기 3개월이 이주 노동자 정착 지원의 '골든 타임' 같은 시기로 통했다. 그는 "쉽지 않은 결정"을 내려 준 협력 업체 대표들에게 "아버지들은 무조건 일에만 전념할 수 있도록 하겠다"고 단단히 약속했다. "사실 이분들이 말도 안 통하는 데서 당장 조선소 일을 잘해 봤자 얼마나 잘하겠어요. 협력 업체 사장님들 중에 '일 못하면 필요없다'고 말씀하신 분은 아무도 없어요. 언어나 문화 적응 부분은 우리가 안고 가자고 하셨고, 그런 보이지 않는 노력이 밑바탕에 깔려 있었던 거죠."

자연스레 가족의 정착은 창유 씨의 몫이 되었다. 가까운 초·중·고등학교에 배정된 자녀 85명의 교복부터 부랴부랴 맞추고 입학을 위해 예방접종 증명서를 발급받았다. "내가 우리 아이들 키울 때도 예방접종이란 게 있는지 몰랐어요." 회사 버스를 이용해 아이들을 병원으로 학교로 실어 나르는데, 아이들은 왜 그렇게 많고 한 명 한 명 이름 외우기는 왜 그렇게 어려운지……. 누구 가족인지 기억하려고 아파트 호수별로 구성원 이름을 적어 표를 만드는데, 식구가 많아서 칸을 늘려야 하는 경우가 많았다. 사내 다른 기숙사에 매트리스가 남는다 하면 아파트로 가져다주고, 아이가 아프다 하면 응급실에 데려갔다. 마치 사회복지사가 집집마다 방문하며 돌보는 일과 같았다. 사무실보다 회사 밖에 머무는 시간이 길어졌다. 그리고 어느새 그에게 '아프간의 아버지'라는 별명이 붙었다.

그런데 입학을 앞둔 아이들 책가방이 필요하다길래 구매처를 알아보던 무렵 상황이 좀 이상하게 돌아간다고 생각했다. "한국 사람한테 이 정성으로 잘해 줬어 봐라." 지인들로부터 잔소리를 듣곤 했는데, 언젠가부터 인근 초등학교 학부모들의 항의 전화를 받은 것이다. 서부초등학교에 아프간 자녀 28명이 배정되었다는 사실이 알려진 이후다. 중·고등학교와 달리 초등학교는 실거주지 근거리 배정 원칙에 따라 정해지기 때문에 한 아파트에 사는 아이들이 같은 초등학교에 들어가게 되었다. 이를 두고 학부모들은 왜 이슬람 난민을 집단 이주시켰느냐고, 어떤 '특별 기여'를 했길래 30평짜리 아파트를 공짜로 주냐고 따졌다.

사실 그가 아프간 사람들의 정착을 위해 발 벗고 나선 데는 사정이 있다. 시대가 달라졌기 때문이다. "옛날에는

100명 규모 업체에 외국인 열 명 들어오면 일자리 열 개 빼앗겼다고 그랬잖아요. 지금은 그 열 명이 들어오면서 아흔 명의 일자리를 지키는 거예요." 이유는 간단했다. "내국인이 일을 안 하려고 해서", "조선소에 사람이 너무 없어서". 외국인 노동자는 공업 도시가 받아들여야만 하는 현실이었다. 가난한 나라에서 왔으니 무조건 견디라거나 노동력만 제공하고 본국으로 떠나라는 식의 태도는 일손을 늘리는 데 도움이 되지 않았다. 현실이 이러니 그도 바뀔 수밖에 없었다.

창유 씨의 입사와 함께 시작된 고용허가제의 핵심은 '단기 순환'이다. 비전문직 외국인 노동자가 국내에 장기간 체류하는 걸 막기 위해 취업 기간을 (1년 10개월 추가 연장이 가능한) 3년으로 제한했다. 가족 동반은 불가능하다. 그러니 "일할 만하면 내보내야 한다"는 기업의 볼멘소리가 꾸준히 나왔다. 외국인 노동자를 무분별하게 받아들일 경우 내국인 일자리가 침해받을 수 있다는 점을 우려한 조치였지만, 내국인이라면 최저임금을 받고는 가지 않을 일자리를 이주 노동자가 메우도록 국가기관이 사실상 '중개'한 제도라는 점에서 결코 '공정한 계약'이라고 보기 어려웠다. 무엇보다 이주 노동자가 세 번 이상 사업장을 바꾼 사실이 고용센터에 발각되면 본국으로 내쫓길 수도 있는 데다 임금 체불이나 직장 내 성희롱, 열악한 주거 시설 등으로 피해가 생긴 경우에도 충분히 보호받지 못해 문제가 되곤 했다. 고용허가제가 오히려 불법 체류를 양산한다는 지적이 오랫동안 이어졌다.

2023년 법무부의 '이민자 체류 실태 및 고용 조사' 결과를 보면, 한국에 머물고 있는 외국인 취업자는 92만 3000명으로 2012년 관련 통계 작성 이래 역대 최대를 기록했다. 여기에 미등록 이주민 41만 명(2022년 기준)까지 더하면 130만 명이 넘을 것으로 추산된다. 이들을 다시 체류 자격별로 살펴보면, 고용허가제를 통해 비전문취업(E-9) 체류 자격으로 입국한 외국인이 26만 9000명(29.1퍼센트)으로 전체 체류 자격 가운데 가장 많다. 이들이 제조업부터 농축산업, 어업, 건설업 등 국내 6만여 사업장의 주요 인력이다. 내국인들의 기피가 심한 업종에서는 미등록 체류자까지 고용하려고 하는 판국에 사람을 회전문처럼 '돌려쓰는' 고용허가제로는 지역의 일손 부족 문제를 감당할 수 없다는 것이 창유씨의 생각이다.

지역민에게 항의받을 때마다 그는 시대가 바뀌었다는 말로 설명하려고 했다. "지금 시대의 이주 노동은 정주의 개념으로 봐야 해요. 다문화든 세계화든 거스를 수 없는 트렌드잖아요. 이 사람들이 여기에 와서 적응을 하는 것만큼, 우리도 그들의 문화를 받아들여야 하는 변화의 시점이라고 생각해요." 그가 특별히 진보적이라거나 인권을 중시해서 나온 말이 아니다. 그보다는 지역 경제와 조선소의 현실을 너무도 잘 알아서 절박하게 호소하는 말에 가깝다. 어쩌면 국가가 더는 '악덕' 직업소개소처럼 군림할 수 없는 현실, 사업주가 돈을 벌러 오는 이주 노동자들이 좀 더 오래 일할 수 있도록 정주 여건을 고려해야 하는 현실, 한국인에게 제공하지 않아도 되던 기도실과 할랄 식품과 비건 메뉴를 제공해야 하는 현실. 어떤 면에서 지방은 서울보다 더 빠르게 변하고 있었다. "미국이나 호주 배관공은 월급도 많이 받고 그만큼 대우받는다고 하잖아요. 좀 더 지나면 우리도 그런 시기가 오지 않을까요?"

아침 8시쯤이면 현대중공업 작업복을 입은 아프간인 29명이 중앙아파트를 나섰다. 아파트 앞 주차장에서 공을 차고 놀던 아이들이 해가 질 때쯤 퇴근하는 아버지를 맞이하는 풍경이 그렇게 시작되었다. 협력 업체 대표들은 아프간 사람들이 다 좋은데 술을 먹지 않더라며 조금 아쉬워했다. 조선소 노동자들은 일 끝내고 술 한잔 걸치면서 친해지는데, 술을 입에 대지 않으니 친해지기가 어렵더라면서. "같이 지내다 보니 제일 좋은 점은 술은 안 먹는 거고요, 제일 나쁜 점은 술은 안 먹는 거예요." 창유 씨가 너털웃음을 지으며 말했다. 회식 자리엔 협력 업체 대표님이 특별히 주문한 할랄 고기가 올랐다.

그사이 아프간 난민 수용을 반대하는 지역사회의 움직임이 본격화되고 있었다.

내 이웃이 될 줄은 몰랐다

이주 반대 주민 김혜진의 이야기

2022년 2월 아프간 특별기여자 정착
반대 여론 격화

미라클 작전이 성공했다는 소식이 보도될 때만 해도 대단
하다고 생각했다. '한국이 정말 선진국이구나.' 울산 동구
방어동에 사는 김혜진 씨는 뉴스를 보며 감격했다. 2021년
8월 말 온·오프라인에서 「아프간 탈출 아수라장… 사막의
꽃처럼 피어난 아이들 미소」, 「'꼭 다시 오겠다'는 약속…
"작전명 '미라클'처럼 기적적"」 같은 보도가 잇따르고 있었

다. 아프간인들은 난민이 아니라 특별 공로자로서 국내에 들어오는 것이라는 정부의 설명이 강조되었고, 위험에 처한 외국인을 인도적 차원에서 대거 구출해 국내로 받아들인 것은 이번이 처음이라 했다. 갓난아기를 위한 젖병까지 챙겼다는 수송팀 인터뷰를 볼 때 혜진 씨는 뭉클하기까지 했다.

그는 초등학생 두 명의 엄마이자 울산 동구의 주민이다. 대구 출신으로 15년 전 결혼하며 울산에 정착했다. 남편의 직장이 현대미포조선이었기 때문이다. "신랑 하나 보고" 온 터라 처음엔 외로울 때가 많았다. 딸과 아들을 낳고 학부모가 되고서야 동네에 정을 붙일 수 있었다. 문화센터에서 만난 언니, 학교에서 만난 동생 덕분에 이제는 울산이 더 편해졌다.

조선소 두 곳이 자리해서 외국인 비율이 비교적 높은 동네라지만, 15년을 살면서 외국인과 교류해 본 적은 한 번도 없다. 조선소에서 일하는 남편이 외국인 선주와 이주 노동자에 대해 가끔 말했지만 '의사소통이 많이 어렵나 보다' 정도로 생각할 뿐이었다. 다만 이주 노동자들에 대해선 복잡미묘한 감정이 들었다. 돈을 벌기 위해 타국에 와서 열심히 사는 사람들이라고 생각하면 15년 전 자신의 처지가 떠올라 안타까운 마음이 들었지만, '굳이 저렇게 모여서 다녀야 하나.' 하는 생각이 들 때면 자신도 모르게 미간이 찌푸려졌다. 난민이나 이주민 문제에 관심을 두진 않았다. 제주도에 예멘 난민이 입국했을 때도, 고향인 대구에서 이슬람 사원 건립을 두고 갈등이 심해질 때도 혜진 씨에겐 그저 "남의 일"이었다.

미라클 작전의 감격이 충격으로 바뀐 건 6개월 만이다. 2022년 2월 6일, 울산 동구청에서 아프간 특별기여자 157명이 당장 그다음 날부터 서부동의 옛 현대중공업 임직원 사택인 중앙아파트에서 정착 생활을 시작한다고 밝혔다. 뉴스 속 그들이, 남의 일이라 생각한 갈등의 주인공인 난민이 내 이웃이 될 줄은 정말 꿈에도 몰랐다. "그렇게 많은 분들이 갑작스럽게 동구에 정착한다는 게 당황스럽고 겁났어요." 무슨 결정이 주민 공청회도 없이 통보되는지, 화가 났다. 아무리 정부가 신원을 보장한 사람들이라 해도, 미꾸라지 한 마리가 물을 흐리면 누가 책임질 건가? 서부동에 사는 지인이 많았다. 육아 카페 같은 온라인 커뮤니티에 우려와 분노가 봇물처럼 터져 나왔다.

소문은 사람들의 불안한 마음을 파고든다. 이슬람교는 여성 차별이 심한 문화가 있어서 한국인 자녀에게 해를 끼

칠 수 있다, 아프간인 가운데 탈레반이 섞였을 수도 있다, 언젠가 이들이 울산 동구에 이슬람 사원을 건립해 달라고 할 것이다, 난민을 받아들인 유럽처럼 우리도 범죄율이 높아지고 치안이 불안해질 것이라는 등 대체로 이슬람교와 그 문화의 위험성을 경고하는 내용이었다. 한국인도 갖기 어려운 아파트를 턱 내주는 게 맞느냐는 불만도 제기되었다. 아프간 특별기여자들이 현대중공업 엔진기계사업부로 배치되는 바람에 퇴직 후 고용 연장이 예정돼 있던 내국인들이 일방적인 계약 취소를 통보받았다는 근거 없는 소문도 '내국인 역차별' 여론에 기름을 부었다.

2월 7일 청와대 국민청원 게시판에 올라온 글이 이런 문제의식을 잘 보여 준다. 울산 시민으로 추정되는 이의 글이다. "대한민국에서 아이를 낳고 생계를 꾸리며 세금을 내는 대한민국 국적의 시민의 의사와는 전혀 상관없이 내 아이가 다니는 학교에 내가 사는 동네에 이슬람 종교를 가진 난민들이 집단으로 무리를 지어 한 건물에 살게 되는 걸 이틀 전 알게 됐고 아직도 모르는 사람들이 더 많습니다. 난민 가구에 포함된 초등학생들은 외국인 학교가 아닌 일반 초등학교 배정까지 함께 통보됐습니다. 정치적·종교적 안전과 치안 문제, 그동안 유럽과 세계 곳곳에서 벌어진 이슬람교의 문제를 모르는 사람은 아무도 없습니다. 기존 터전에 삶을 꾸리던 사람의 치안과 안전을 보장합니까? 집단 거주를 허용해 몇 개월 몇 년 뒤 타국에서 일어났던 일들이 우리에게 없을 거라고 보장합니까? 난민의 생계 보장을 고민하기 전에 그 생계 보장의 비용을 지불하며 세금 내고 있는 시민들의 치안과 안전을 먼저 보장해야 합니다." 이 청원에 하루 만에 1만 명 이상이 서명했다.

울산시가 운영하는 온라인 소통 공간도 마찬가지였다. "특별기여자라고 하지만 그들이 어떤 기여를 했는지, 어떤 사상을 가졌는지도 모른 채 일방적인 통보로만 떠안게 됐습니다. 난민을 이렇게 집중적으로 떠안은 곳은 없습니다. 난민을 받지 않겠다는 완강한 거부가 아닙니다. 비밀리에 일을 진행하지 말고 주민 의견도 좀 들어주고, 분산 수용해 달라는 말입니다. 서부초등학교는 내년 5월 입주 예정인 대단지 아파트로 인해 올해 1학년 학급만 8학급에 달하는 과밀학급 상태입니다. 어른들은 피해 다닐 힘이라도 있지만 작고 여린 초등학생들은 그들이 갖고 있는 종교, 사상, 문화를 아무것도 모른 채 흡수될 수밖에 없는 피해를 몸소 겪어야 합니다." 2월 5일에 올라온 이 글에도 수천 명이 '공감'을 눌렀다.

'세계화'는 자연스럽고 환대받는 것이지만 '다문화'는 그렇지 못했다. 어떤 이주는 지역사회에 전례 없는 갈등을 낳았다. 한국 사회의 반이민·혐오 정서는 2018년 제주 예멘 난민 사태 때 본격적으로 모습을 드러냈다. 그 전에도 동남아시아 출신 이주 노동자와 결혼 이주 여성에 대한 인종주의적 차별이 존재했지만 두려움을 동반한 혐오 정서와는 거리가 있었고, 무엇보다 전 사회적으로 거센 논쟁을 불러일으키는 문제로 여겨지지 않았다. 그런데 예멘인 561명이 무비자 제도를 통해 제주도로 들어오면서 한국 사회가 전에 없던 '난민'이란 질문을 받은 것이다. 내전을 피해 온 이들에게 인도주의적 환대를 다해야 한다는 주장과 무슬림 혐오 정서에 기대어 예멘 난민을 추방해야 한다는 반발이 맞붙었고, 이 과정에서 난민에 대한 가짜뉴스가 들불처럼 확산했다. 온갖 경제적 혜택을 누리려고 온 가짜 난민이라거나, 그들 때문에 범죄율이 높아질 것이라는 의심이었다.

유럽 사회에서 난민은 이미 정치적 난제였다. 2015년 시리아 내전 이후 100만 명 넘는 난민이 유럽으로 유입된 '난민 위기'가 그 기점이다. 당시 독일의 메르켈 정부가 "우리는 감당할 수 있다(Wir schaffen das)"는 구호와 함께 난민 환대 정책을 펼쳤으나 짧은 시기 이주민 수가 급증하자 정치적 갈등이 첨예해졌다. 사회복지에 대한 부담감과 이주민 혐오를 자극하는 우파 정당과 언론 보도 때문에 반난민 정서가 고조되고 결국 독일의 난민 정책이 시험대에 올랐다. 유럽 국가들이 빗장 단속에 나섰으며 급기야 '이슬람은 독일의 일부가 아니다' 하고 반이슬람 강령까지 채택한 '독일을 위한 대안(AfD)'이 2017년에 제3당으로 연방의회에 입성하는 결과를 낳았다. 독일뿐만 아니라 스위스·덴마크·스웨덴 등에서 반난민 정서를 등에 업은 극우 포퓰리즘이 유럽 정치를 흔들기 시작했고, 미국에서는 반이민 정책을 내건 도널드 트럼프 대통령이 제45대 대통령으로 당선했다.

독일이 받아들인 난민 100만 명에 비하면 한국에 들어온 난민 수는 절대적으로 적다. 하지만 한 번도 겪어 본 적 없는 '조우'에 한국 사회가 들끓었다. 2018년 7월 서울 도심에서 몇 차례 열린 난민 반대 집회에서 사람들이 외친 구호는 "국민이 먼저다"였다. '난민반대 국민행동' 성명문에는 이런 대목이 있다. "유럽의 많은 나라가 난민을 받아들여 참혹한 범죄에 노출됐고 피해자는 대부분 여성과 아이들입니다. 국내에서도 주변에 이슬람국가(IS) 가입을 권고한 난민 신청자가 구속되고 제주 예멘인 사이에 칼부림이 있었습니다. 우리는 브로커와 결탁해 취업과 지원금 수급 목적으로 입국하는 가짜 난민을 수용할 수 없습니다."

여기에 정치인이 화답했다. 난민 반대 집회에 참석한 조경태 자유한국당 의원은 "난민법과 무사증 제도 폐지를 위해 앞장서 나가겠다"고 약속하고, 같은 당 김진태 의원은 "전 세계 좌파들이, 이슬람 난민들이 질서를 흔들고 있다"고 말했다. 보수 기독교계에서는 근본주의 무슬림들이 난민의 얼굴을 하고 들어와 있으며 이들이 결국 한국을 이슬람화한다는 주장을 퍼트렸다. 무슬림 혐오가 한국 사회에서 본격적으로 고개를 든 것이다. 당시 정부는 예멘인들에게 출도 제한 조치를 내렸는데, 인근 주민들의 항의로 주택에서 쫓겨나거나 예멘인에게 집을 내주지 않겠다는 임대인이 생기면서 이들은 집 구하는 데 어려움을 겪기도 했다. 난민 심사를 받은 484명 중 난민 인정을 받은 이는 겨우 세 명. 이 중 두 명은 언론인 출신이다. 남은 사람들 중 411명은 인도적 체류 허가를 받았고 56명은 단순 불인정, 14명은 신청 철회나 출국에 따른 직권 종료 처분을 받았다.

이와 아주 비슷한 일이 2022년 2월 울산 동구에도 곧 벌어질 것처럼 보였다. 동구청 홈페이지에도 "난민 단체 정착 두렵습니다", "구민과 협의 없는 동구 난민 정착 반대합니다" 등 이주를 반대하는 글이 수백 건 올라오는가 하면 일부 학부모들은 아프간 초등학생 28명이 배정된다는 소식에 시위를 벌이기도 했다. 동구청과 교육청은 그야말로 터지기 일보 직전이었다. 이런 상황에서 2월 6일 자《울산매일UTV》에 동구청 관계자의 답변이 실렸다. "모든 건 법무부가 결정한 사안이며 우리 구는 '동구에 거주하기로 결정됐으니 29가구의 생계 유지를 위해 정주 여건을 형성할 수 있도록 해 달라'는 협조 요청을 받았을 뿐"이라며 "책임을 회피하려는 게 아니라 지자체는 거부할 법적 지위가 없기 때문에 그저 맞닥뜨려야 하는 상황"이라는 것이었다. 그러면서 "한꺼번에 많은 인력이 동구에 오게 돼 우리 역시 당황스럽다"고 토로했다. 울산 이주 당일 예정되었던 아프간인 환영 행사도 날 선 분위기 속에 취소되었다.

혜진 씨가 문화센터에서 알게 된 지인에게 카카오톡 메시지를 받은 것도 이 무렵이다. 서부초등학교 학부모인 그는 난민 이주 반대 운동을 주도하는 듯했다. "혜진 씨, 여기에 서명 좀 해 주세요." 전달받은 링크에는 교육청과 구청 등에 보낼 아프간인 정착 반대 청원이 나왔다. 혜진 씨도 초등학교 3학년, 5학년 자녀가 있어서 옆 학교인 서부초등학교 학부모들의 반발을 충분히 이해했다. 그들과 함께

하고 싶었다. '이미 결정된 사안인데 서명한다고 바뀌는 게 있을까?' 의구심이 다소 들었지만 가만히 있을 수는 없으니 "마지막 발버둥"이라도 쳐 보자는 마음이었다. 혜진 씨는 곧이어 온라인 링크를 따라가 이름 석 자를 써넣었다.

환대의 목소리를
들려주고 싶다

더불어숲 작은도서관 활동가
이귀연, 이송희의 이야기

2022년 2월 아프간 특별기여자 정착
환영의 움직임

"손님이 내 집의 문밖에 서서 내 집에 들어와 살기를 청하고 있다. 주인인 나는 고민할 수밖에 없다. 문밖의 손님은 내 집에 들어올 권리가 있는가? 나는 손님을 초대한 적이 있는가? 손님은 내 안전을 위협할 것인가, 아닌가? 나는 손님을 환대해야 하는가? 만약 내가 환대했을 때, 손님이 내 집을 차지하고 나를 쫓아내면 어떡하나?"**6**

어쩌면 이 질문이 이귀연 씨 앞에도 놓여 있었다. 20년 넘게 울산 동구에 살면서 이런 갈등은 처음 겪었다. 인구 15만 명인 지역사회의 일에 전국적인 관심이 쏠린 것도 2015년 대량 해고를 불러온 조선업 구조 조정 이후 처음이다. 온라인 커뮤니티와 SNS에 올라오는 날 선 반응을 지켜보다 어느 순간 생각했다. '잠깐만, 이렇게 흘러가면 안 될 것 같은데.' 학부모들의 요구처럼 미리 주민 의견 수렴을 거쳤다면 좋았겠지만, 이슬람교에 대한 왜곡된 정보가 일파만파 커지는 것은 또 다른 문제였다. 울산 동구 더불어숲 작은도서관에서 14년째 일하는 그는 학부모들이 전해 주는 '원성'을 들으며 분위기가 심상치 않다고 직감했다.

2022년 2월의 어느 날이다. 서울의 한 방송국에서 아프간 기여자 정착에 찬성하는 서부초등학교 학부모를 인터뷰하고 싶다며 작은도서관에 취재 문의를 해 왔다. 울산에서 아프간 기여자를 분산 배치하라고 요구하는 시위가 일어난 뒤였다. 작은도서관을 찾는 그 학교 학부모 몇 명에게 의사를 물었지만 아무도 나서겠다는 사람이 없었다. 설령 마음이 있다고 해도 긴장이 잔뜩 엄습한 상황에서 목소리 내기가 쉽지 않을 것이라고 귀연 씨는 생각했다. 그런데 한 지인으로부터 뜻밖의 말을 들었다. 이슬람 문화에 대해 들은 게 많아서 불안하다고 했다. 놀이터에 아프간 아이들이 있는 걸 보고 나서는 해코지당할까 봐 자녀를 놀이터에 못 보내겠더라고도 했다.

혐오 정서가 온라인에만 있었던 게 아니다. 이때 자말, 사지아 씨 가족은 중앙아파트 생활을 막 시작했다. 사지아 씨가 한국어를 공부하려고 삐뚤빼뚤 써 내려간 편지에는 이런 대목이 나온다. "처음 아프가니스탄에서 한국에 왔을 때 우리는 어떻게 하면 한국 사람들과 친구가 될 수 있을지 걱정이 많았습니다. 그리고 6개월 후 울산이라는 도시에 와서 집 밖을 나갈 때마다 한국인들에게 인사를 했는데 아프간 사람들이 싫다고 하더군요. 걱정이 많이 되었어요. 늘 아프가니스탄에서 왔다고 했는데 한국에서 이런 문제를 안고 어떻게 살 수 있을까요?" 사지아 씨가 집 근처 호수로 산책을 나갔을 때 겪은 일이라고 했다. 한국어는 서툴고 사람들은 차가웠다. 아프간인들에게 물건을 팔지 않겠다거나 아프간 아이들이 인근 놀이터를 이용하지 말게 해 달라는 민원과 신고가 종종 있었다. 이들을 가까이서 돕는 사회복지사나 현대중공업 직원들도 "눈에 띄는 행동은 되도록 하지 말라"고 신신당부했다.

아프간인을 직접 만난 적은 없다. '특별기여자'라고 했지만 사실상 난민으로 온 사람들이다. 귀연 씨를 움직인 건 '나도 그 사람들처럼 될 수 있지 않을까.' 하는 생각이었다. "기후 위기부터 전쟁 위험까지, 우리나라가 난민 발생국이 안 될 거라는 보장은 없잖아요. 내가 다른 나라에 난민으로 도착했는데 이런 식으로 배척받는다면 너무 괴로울 것 같더라고요." 그에게 이주는 누구나 겪게 되는 일이었고, 꼭 전쟁까지 상상하지 않더라도 난민이 될 수 있다는 감각이 선연하게 느껴졌다. 난민 혐오가 오히려 그를 움직인 셈이다. "무슬림에 대한 '카더라'를 들어 보면 이들을 같은 사람으로 보지 않는다는 느낌이 확 들어요. 이게 잘못됐다는 걸 환기해 주지 않으면 아이들이 훗날 사회에 나갈 때 또 다른 형태의 혐오로 나타날 수도 있겠다는 생각이 들었어요." 지역사회가 이들을 환대하지 못해도 혐오 표현과 가짜뉴스는 고쳐 나가야겠다고 다짐했다. 온라인에서 가짜뉴스가 보일 때마다 '반박 댓글'을 달았다.

귀연 씨가 강조한 건 이들이 본국의 테러를 피해서 망명 왔다는 사실이다. 반발 여론의 주된 축이 안전에 대한 권리 요구였기 때문이다. 실제로 이들과 범죄의 연관성은 근거가 희박했다. 흔히 난민이 늘면 범죄율이 증가할 것이라지만, 국내 외국인 범죄율은 내국인 범죄율의 절반 수준인 데다 전체 범죄자 중 외국인 범죄자는 1~2퍼센트로 나타났다. 유럽에서 일어난 이민자 범죄도 100만 명 중 극히 일부의 소행이었는데 '난민', '아랍계 출신 난민 남성'이라는 표기가 부각되면서 인종차별주의가 퍼졌다고 인권 단체들은 지적한다. 독일을 봐도 그렇다. 유럽연합 통계청에 따르면 서아시아, 북아프리카 출신 난민 33만 명을 수용한 2017년 독일의 범죄 발생 건수가 2016년에 비해 9.6퍼센트 떨어졌다.

무엇보다 이미 난민 문제는 거부하고 싶다 해서 피할 수 있는 사안이 아니다. 점점 더 많은 사람들이 삶의 터전을 찾아 이주하고 있기 때문이다. 어떤 이주는 자발적이지만, 어떤 이주는 그렇지 못하다. 2023년 6월 유엔난민기구 통계를 보면, 박해와 분쟁 때문에 어쩔 수 없이 고향을 떠난 강제 이주민(난민, 망명 신청자, 국제적 보호가 필요한 사람들) 수가 1억 1000만 명에 이른다. 2차세계대전 이후 가장 많은 수준이다. 유엔난민기구는 러시아-우크라이나 전쟁부터 시리아 분쟁, 기후 위기, 동아프리카와 남아프리카의 경제난에 따른 불안정성이 전 세계적으로 증가하고 있다고 이유를 밝힌다. 2021년 아프간 위기도 그중 하나다. 미군이 이때 철수 결정을 내리지 않았다면 또는 애초에 전쟁이 길어지지 않았다면, 탈레반이 재집권을 노리지 않았다면, 200 만 명 넘는 사람들이 본국을 떠나지 않아도 됐을까? 역사에 가정은 없고, 아프간을 둘러싼 지정학적 위기가 고조된 결과만 있을 뿐이다.

이 위기는 누가 함께 겪고 있을까? 통념과 달리 난민 중 대다수는 선진국보다는 소득수준이 중·하위권인 나라에 머무른다. 유엔난민기구에 따르면, 튀르키예와 이란, 콜롬비아가 가장 많은 난민을 수용하고 있으며 전 세계 난민의 80퍼센트가 개발도상국에 체류한다. 선진국으로 피신하는 이들은 극히 일부인 셈이다. 의사나 변호사처럼 사회경제적 지위가 있는 엘리트 계층인 경우가 많은데, 영미권으로 망명하는 조건이 까다로워지고 있는 탓이다. 한국도 이 추세를 따르는 것처럼 보인다. 유엔 난민협약 가입국이지만 난민 인정률은 2퍼센트밖에 안 된다. 1994년부터 2020년 까지 한국에 접수된 난민 신청은 총 7만 1042건. 같은 시기 전 세계 난민 신청 2488만 5295건의 0.003퍼센트에 해당하는 수준이다.[7] 아프간의 경우에도 200만 명 중 겨우 391명이 한국 땅을 밟았고 울산 동구에는 157명이 정착했다.

난민 유입에 대한 두려움이 과장되어 있다고 귀연 씨는 생각했다. 가게에 들를 때마다 사장님에게 "아프간 사람들

받는 거 혹시 아시나요?", "어떻게 생각하세요?" 하며 일일이 물어보고 다녔다. 가게 사장님들이라면 많은 사람을 만날 테니 '바닥 민심'을 잘 알지 않을까 해서 시작한 일종의 여론조사였다. 답답한 마음이었다. 학부모들의 우려와 분노는 사그라들지 않았고, 내가 혼자만의 생각에 빠져 있는 게 아닌가 하는 의심이 어느 순간 들었기 때문이다. 그런데 사장님들은 오히려 뭐가 문제길래 그렇게 시끄럽냐고 되물었다. "한 명도 반대하는 분은 없었어요." 이 말이 뭐라고, 힘이 됐다.

난민을 환대하는 사람도 있다는 걸 알리고 싶었다. 2월 9일 울산시청 앞에서 아프간 난민 환대 기자회견을 연 '아프가니스탄 난민 보호와 울산 정착을 지지하는 시민사회단체'에 더불어숲 작은도서관도 이름을 올렸다. "아프가니스탄 난민 보호와 울산 정착을 지지합니다. 이들의 고통에 공감하며 환대와 연대의 손길로 따뜻하게 맞이합시다. 한국사회 구성원으로 살아갈 난민들은 어떤 사회에서 생활하게 될지 두려움과 불안감이 가득할 수밖에 없습니다. 난민 보호를 위한 정부의 책임 있는 자세와 노력, 난민들의 고통에 공감하는 성숙한 시민의식이 필요합니다." 그날 피켓에는 한국어와 아프간어로 "울산에 오신 것을 환영합니다"라고 쓰여 있었다. 귀연 씨는 그 후 작은도서관에서 난민에 관한 그림책을 전시하거나 아프간 특별기여자들의 정착을 주제로 토론 프로그램을 열기도 했다.

이렇게 알게 모르게 아프간 난민을 돕는 사람들이 있었다. 작은도서관 활동가인 이송희 씨도 그중 한 사람이다. 두 딸의 어머니인 송희 씨는 반발 여론을 보며 "서부초등학교가 그렇게 반대하면 우리 동네로 오면 안 돼요?" 말하곤 했다. "온라인에서 주로 얘기되다 보니 오해가 커지는 것 같았어요. 직접 만나 보면 또 다를 텐데." 반대하는 이들의 주장처럼 아이들이 한국말을 못 하고, 돼지고기를 안 먹고, 문맹인 여자아이들이 많다면 서로 적응해 가면 될 게 아닌가? 무엇보다 정작 아이들에겐 큰 문제가 아닌 듯했다. 호기심 많은 10대 딸 다온이가 "우리 학교에도 와 주면 좋겠다"고 말했을 때 송희 씨는 그 나름의 답을 얻었다. "일단은 환대하자, 만약 지내다가 문제가 생기면 그때 가서 해결해도 괜찮지 않을까 하는 생각이 들었어요. 무조건 이 사람들은 안 된다고 거부하는 건 맞지 않다고요."

동구에서 어린이집을 운영하는 권월수 씨는 아프간 가족의 영유아들을 입학시켜 주었다. 그 덕분에 아프간 어머니들이 한국어 수업을 배우러 갈 수 있게 되었다. 대한

적십자사도 아프간 기여자들의 초기 정착에 필요한 생필품이며 가전, 가구, 식기류 등을 지원했다. 가족들의 첫 보금자리가 하나둘 채워졌다. 울산적십자 동구지구협의회의 한 봉사자는 언론 인터뷰에서 아프간의 인사말인 '살람(Salam)'을 외워 왔다며 "기본 인사와 아프간 문화에 대해 미리 공부했다. 언어가 달라 좀 걱정되지만 일상 언어는 보디랭귀지로 충분히 가능하리라 본다"고 말했다.[8] 갈등이 고조되는 가운데, 환대의 손길이 알음알음으로 오가는 2022년 초봄이었다.

다시 2016년 독일로 가 보자. 반난민 정서가 커지면서 메르켈 총리가 정치적 위기에 내몰렸다. 안전보다 인도적 차원을 우선시하며 유럽으로 불법 이주를 부추겼다는 비판이 대내외적으로 세를 키우자, 메르켈 총리는 "이 과업은 세계화 시대의 역사적 장기 과제"라는 뜻을 다시 밝혔다. "두려움이 정치 활동을 위한 지침이 될 수는 없다. 아무 목표도 없이 겁만 주면서 우리의 결속력을 깨려는 이들이 우리 삶의 방식을 파괴하도록 내버려둬서는 안 된다." 법질서를 따르지 않는 이들에게는 "명백한 신호"를 보내겠다면서, 범죄를 막겠다고 특정 집단에 소속된 사람들을 원천 차단하는 것은 인권 침해인 점도 분명히 했다. 난민 유입 후 범죄율이 증가했다는 트럼프 대통령의 주장에 통계로 반박하기도 했다.

그 이후 독일은 어떻게 됐을까? 난민 위기 이후 민족주의가 득세한 독일의 정치 문화를 다룬 『힙 베를린, 갈등의 역설』에 따르면, 2018년에 독일 통합·이민재단이 시민들을 대상으로 실시한 설문 조사에서 60퍼센트는 "난민을 계속 받아들여야 한다"고 했으며 "장기적으로 난민이 독일에 문화적, 경제적 이득을 줄 것"인지를 묻는 데도 70퍼센트가 그렇다고 답했다.[9] 극우 민족주의 정당인 독일을 위한 대안(AfD)이 2017년 총선에서 연방의회 제3당이 됐지만 2021년에 제5당으로 떨어졌다. 난민 수용 경험이 한 사회에 부정적인 영향으로만 이어지진 않은 셈이다. 적어도 다문화 갈등을 풀어 본 경험, 혐오에 맞서 환대해 본 경험이 공동체 안에 쌓였다는 점에서 의미가 있다. 16년간 이어진 총리직 임기를 끝내고 2021년 12월에 퇴임한 메르켈 총리의 당부가 있다. "증오에 맞서 민주주의를 수호해 달라."

그럼에도 여전히 난민은 유럽 사회의 난제다. 지지세가 주춤하던 독일을 위한 대안(AfD)이 2023년을 기점으로 급부상한 현실만 봐도 그렇다. 러시아-우크라이나 전쟁으로 물가가 치솟고 에너지 가격이 상승하자 이민자 수용에 대한 회의감도 덩달아 높아졌다. 극우 정당들은 이 불안감을 십분 활용하고 있다. 2023년 9월 16일 자 영국 《이코노미스트》에 따르면, 유럽연합 27개 회원국 중 15개국에서 극우 포퓰리즘 정당에 대한 지지율이 20퍼센트를 넘어섰다. 2023년 12월 20일 프랑스에서는 이민 문턱을 크게 높이는 내용의 이민법 개정안이 통과되었고, 2024년 1월 독일에서는 독일을 위한 대안(AfD)이 이민자 대거 추방을 논의한 사실이 알려지면서 역풍을 맞았다.

한국 사회에 독일과 같은 일이 벌어질지 또는 그보다 더 심각한 갈등에 직면하게 될지는 알 수 없다. 난민을 받아들이자는 인도주의적 접근이 혹시라도 예상치 못한 폐해를 불러오진 않을지, 모든 게 의심스러웠다. 모든 반발을 혐오고 차별이라 단정하기도 어렵고, 환대와 선의의 마음이라도 정작 아프간인에겐 해가 될지도 모른다. 온라인상의 숱한 질문에 귀연 씨와 송희 씨는 확답하지 못했다. 한 번도 겪어 보지 못한 문제라서다. 의견 차이로 작은도서관을 떠나는 사람도 생겼다. 무엇이 혐오이고 어디까지가 환대인지 불분명한 시기가 지나면서 첫 등교일이 다가오고 있었다.

2부

갈등

원망과 성토가 난무한
학부모 설명회

울산시교육청 교육협력담당관실
장영복 대외협력팀장,
노옥희 교육감의 이야기

2022년 1~3월

울산시교육청 교육협력담당관실 장영복 팀장이 머리를 쥐어뜯었다. 느닷없기로는 교육청도 마찬가지였기 때문이다. 1월 24일에 교육부가, 27일엔 법무부 정부합동지원단이 울산시교육청에 공문 한 장을 보냈을 뿐이다. 아프간 특별기여자 자녀 85명이 울산 동구 서부동으로 이주하니 각 학교에 배정하고 지원하라는 내용이었다. 아프간 기여자 29명의 현대중공업 취업이 확정된 직후다.

아프간 가족의 울산 정착 계획은 철저히 비밀리에 부쳐졌다. 법무부에서는 신변 보호를 위한 조치였다고 해도 울산시로서는 사전 협의가 안 된 통보와 같았다. 장 팀장은 법무부 직원에게 이런 반발을 예상하지 못했느냐고 묻기도 했다. "법무부 쪽에서도 몰랐다고 그래요. '미라클 작전'이라고 보안을 유지해서 왔다 아닙니까? 이 사람들의 안전을 생각한 거예요. 이 사람들에 대한 정보가 언론에 노출되면 당사자뿐만 아니라 아프간에 남아 있는 그들의 가족을 대상으로 보복이 일어날 수도 있으니까." 장 팀장은 법무부의 설명을 이해하면서도 생각했다. '귀띔이라도 해 주었다면 문제가 이만큼 커지진 않았을 텐데.'

2022년 1월은 예년에 비해 유독 추웠다. 장 팀장이 이 무렵 발령받은 울산시교육청 교육협력담당관실은 지자체, 기업, 대학교와 교육 협력 사업을 추진하거나 학부모의 학교 참여를 지원하는 곳이다. 한 달쯤 지났을까, 아프간 학생들의 정착 지원이라는 '느닷없는' 업무가 그에게 맡겨졌다. 교육부 공문이 알려진 뒤로 교육청에 민원 전화가 빗발쳤기 때문이다. 하루는 학교에서 아프간 자녀의 입학을 반대하는 학부모들과 면담 자리를 만들었는데, 일부 학부모들이 간담회장 바깥에서 '난민 입학 반대' 현수막을 든 채 밤 11시까지 시위를 벌이기도 했다. "그때 장면이 기억에 선명해요. 굉장히 추운 날이었거든요. 학부모 입장에선 반대 의견을 수차례 전달하는데, 그 결과가 안 좋으니까 단체 행동을 이어 갔어요."

공무원으로 10여 년을 일한 장 팀장에게 이런 반발은 처음이었다. 일선 학교에까지 민원이 들어가자 '왜 교사들이 미리 전출하지도 못하게 2월에 통보하느냐'는 현장 교사들의 원망까지 교육청을 향하고 있었다. "얼마나 괴로웠으면 그런 이야기까지 했겠습니까? 선생님들 중에 학교를 떠나려고 한 분도 있어요. 그 정도로 분위기가 좋지 않았습니다." 교육청에 다문화 가정의 학생을 지원하는 부서가 있지만 갈등이 예상치 못한 수준으로 커지자 결국 교육협력담당관실이 총괄해 달라는 교육감의 지시가 내려왔다. 교육감 직속 부서이자 일종의 컨트롤타워였다.

사실 학부모의 반발을 아예 이해하지 못하는 건 아니었다. 오히려 울산 주민으로서 공감되는 부분이 있었다. "종교와 문화가 다른 분들이 갑자기 집 근처로 이사를 온다는데 별다른 상의도 없었으니 좀 안 그렇겠습니까? 누구라도 달가운 소식은 아니었을 거예요." 이미 결정된 사안이니 알아서 받아들이라며 손 놓을 수 없는 노릇이었다. 혼란 속에서 장 팀장은 '공무원은 법에 따라 움직인다'는 원칙을 되새겼다. "왜 교육청 네 마음대로 하느냐는 말을 들을 수는 없잖아요. 외국인 처우에 관한 법률이나 난민법을 보면 누구나 동일하게 교육을 받도록 돼 있거든요." 때로는 법대로 하는 게 가장 어려운 일처럼 느껴진다.

2011년에 시행된 재한외국인 처우 기본법 제11조에 따르면, 국가 및 지방자치단체는 재한 외국인이 대한민국에서 생활하는 데 필요한 기본적 소양과 지식에 관한 교육·정보 제공 및 상담 등의 지원을 할 수 있다. 또 2013년에 시행된 난민법 제43조는 "난민 신청자 및 그 가족 중 미성년자인 외국인은 국민과 같은 수준의 초등교육 및 중등교육을 받을 수 있다"고 명시한다. 하지만 아무리 법적 근거를 설명한다고 해도 쉽게 풀릴 문제가 아니었다. 학부모들이 문제 삼은 것은 '소통 없는 행정'이었기 때문이다. 그리고 그 목소리에는 이슬람 문화에 대한 거부감이 뒤섞여 있었다.

이때 울산시교육청에는 노옥희 교육감이 있었다. 재임 4년 차에 접어든 울산의 첫 진보 여성 교육감 그리고 "한 명의 아이도 포기하지 않는 울산 교육"이라는 철학을 내세운 교육자이자 사회운동가. 아프간 특별기여자의 울산 정착을 지원한 여러 기관의 관계자들은 "노옥희 교육감이 없었다면 지금과 같지 않았을 것"이라고 입을 모았다. 아프간 특별기여자가 울산에 정착하게 된 이야기에 앞서 노 교육감의 이야기를 해야 하는 이유가 있다.

1979년 울산 현대공업고등학교 수학 교사로 교직 생활을 시작한 노 교육감은 노동 현장에서 다치고 임금도 제대로 못 받는 졸업생들의 상황을 알게 되면서 삶의 전환점을 맞이한다. 금형 공장에 취업한 지 얼마 안 돼 손목이 잘리는 산재를 당한 학생을 돕다가 마주한 현실이었다. 2022년 6월 울산시 교육감 재선에 성공하고 진행한 인터뷰에서 노 교육감은 이렇게 술회한다.[10] "학생들에게 수학만 열심히 가르치는 게 무슨 의미가 있나 고민했어요. 학생들에게 도움이 되는 길을 찾다 노동문제에 관심을 두고 교육 운동에도 참여하게 되었습니다." 1989년 전국교직원노동조합(전교조) 활동으로 해직된 그는 '거리의 교사'로서 노동·교육 운동을 이어 갔다.

울산시장과 국회의원 선거에 도전했다가 연거푸 고배를 마시던 그가 교육감으로 선출된 건 2018년 6월 제7회 지방선거에서다. 그는 획일화된 야간 자율 학습을 폐지하고 수면권을 보장하기 위해 등교 시간을 늦추며 무상급식을 확대하겠다고 공약했다. 7월 6일 울산시의회 본회의의 첫 시정 보고 자리에서 노 교육감은 말한다. "우리 교육청은 '한 명의 아이도 포기하지 않는 울산 교육'을 교육 비전으로 새롭게 출발하고자 합니다. 현재 입시 위주 경쟁 교육은 모두가 불행한 사회를 만듭니다. 서로 협력하고 함께 생각을 공유할 때 창의력도 생깁니다. 각자가 가진 저마다의 재능과 소질을 충분히 발휘할 수 있는 교육이 개인도 행복하고 사회 발전에도 유익합니다."[11]

　학부모들의 요구는 아프간 학생들을 대안 학교나 외국인 학교로 분리 배정하라는 것이었다. 그게 안 되면 일정기간 외부 시설에서 문화 적응 교육을 받은 뒤 순차적으로 학교에 들어오게 해 달라고 요구했다. 더는 양보하지 못한다며 완강하게 막아섰다. 하지만 이 요구안은 현실적으로나 법적으로나 받아들일 수 없었다. 외국인 학교는 현대중공업 바이어의 자녀들이 임시로 다니는 곳이라 학력 인정이 안 될뿐더러 100명 가까운 아프간 학생들을 받을 여건이 되지 않았다. 대안 학교나 외부 교육 시설도 마찬가지였다. 교육청이 입학을 강제할 권한이 없고, 서부초등학교는 거주지와 가장 가까워서 원칙대로라면 입학에 문제가 없었다. 무엇보다 공교육 제도 안에서 아이들의 정착을 지원해야 한다는 게 노 교육감의 기본 뜻이었다.

의견이 좁혀지지 않는 가운데 입학일이 다가오고 있었다. 2022년 3월 3일, 서부초등학교에서 학부모 설명회가 처음 열렸다. 노 교육감이 직접 학부모들에게 설명하겠다고 했다. 코로나19 대유행으로 인원을 제한하고 저녁 시간이었는데도 109명이 참석했다. 두 시간 동안 쉴 새 없이 질문이 쏟아졌다. 지금도 서부초등학교는 과밀 학급인데 왜 여기로 와야 하는가, 아프간 학생 때문에 한국인 학생에게 '안 좋은 영향'이 미치면 어떻게 할 건가, 문화 차이로 갈등이 생기면 교육청이 책임질 건가, 언어와 교육 수준 차이로 한국 학생들의 수업 집중력이 떨어질 수 있다는 것을 아는가?

노 교육감은 학부모들이 우려하는 일이 생기지 않도록 만반의 준비를 갖추겠다고 설득하고 또 설득했다. 일종의 특수학급처럼 아프간 특별반을 운영하고 한국어 교사와 장학사 등 보조 인력을 배치해서 꼼꼼히 살피겠다는 방안이었다. 그래도 울산이 아프간 난민을 받아들여야 한다는 원칙은 분명히 했다.

"한국 사회는 외국인 학생이 3퍼센트가 넘는 다문화 국가입니다. 우리가 그 사람들을 어떻게 대하느냐가 결국 우리가 해외에 나가서 어떤 대접을 받느냐와 관계가 있습니다. 그동안 한국의 다문화 정책은 다문화 가정의 학생이 한국어를 공부하고 한국 문화를 익히는 것으로 추진되었는데요, 이제는 더 이상 그렇게만 강요할 수 없습니다. 우리도 아프가니스탄과 이슬람 문화에 대해서 공부하고 이해하는 게 병행되어야 합니다. 실제로 이슬람이 전 세계 4분의 1에 해당하는 거대한 문화권인데, 그 문화에 대해 우리가 이렇게 공부할 수 있는 좋은 기회가 아니겠습니까? 낯선 데 가거나 낯선 이들과 서로 접촉해야 새로운 배움이 일어납니다. 서로 같은 사람들끼리 있으면 배움이 안 일어납니다."[12]

2~3월에 여러 차례 이어진 면담과 설명회를 통해 일부 학부모는 누그러졌지만 일부는 여전히 강경했다. 이때 서부초등학교 상황을 주시하고 있던 작은도서관 활동가 이귀연 씨는 온라인 커뮤니티에서 "교육청이 본인들 입장만 반복하고 가더라", "벽 보고 이야기하는 것 같았다"와 같은 글을 여럿 목격했다. 초조한 마음에 학부모 설명회에 참석한 이들에게 자초지종을 알아보니, "질문이 끊임없이 나와서 답하는 데 시간이 부족했다"는 후기를 듣기도 했다. 사람의 마음을 한 번에 바꿀 수는 없는 일이다. 다만 변화의 조짐도 하나씩 생겼다. 두 번째 설명회부터는 학부모들이 준비

해 온 현수막을 들지 않았고 야유 소리도 뚜렷하게 줄어들었다.

가장 큰 문제는 언어였다. 일단 말이 통해야 친구를 사귀고 정착도 앞당길 수 있었다. 노 교육감은 아이들의 한국어 교육을 집중적으로 지원해 달라고 당부했다. 아프간 자녀들이 배정된 유치원을 비롯해 초·중·고등학교 17개교에 '아프간 특별반'이나 '한국 문화 적응반'이 만들어진 배경이다. 학생들이 가장 많은 서부초등학교에는 세 반이 생겼다. 한국어 교사를 따로 고용해 한국어와 한국 문화를 직접 가르치기로 했다. 한국어 교사부터 장애인 돌봄교사, 여건 개선 교사, 통역사 등 지원 인력만 90명에 이르렀다. 울산시 교육청 예산으로 25억 7600만 원이 쓰였고, 나중에 교육부가 특별교부금 18억 7000만 원을 지원했다. 교육청의 의지가 없었다면 불가능했을 일이다.

막상 입학이 다가오자 장 팀장은 긴장할 수밖에 없었다. 학부모의 반발을 무릅쓰고 아프간 학생들을 등교시켰는데 예상치 못한 문제가 발생하면 어떻게 해야 하나? "'봐라, 바깥에서 교육했으면 아무 문제가 없을 건데 이렇게 섞이는 바람에 문제가 안 되나.' 하는 원망이 저희로서는 가장 염려한 상황이거든요. 그래서 더 촘촘하게 한 거죠. 학부모들도 교육청이 철두철미하게 준비하는구나 하는 안심이 생기도록요." 일단 1학기에는 학급을 분리하되, 한국 학생들이 있는 원적반과 접점을 조금씩 늘려 보자고 장 팀장은 생각했다. "알면 달라지지 않을까?" 하는 말에 한 줄기 희망을 거는 수밖에 없었다.

아프간 학생들의 입학일은 3월 21일로 결정되었다. 한국 학생들보다 2주 늦은 입학이었다. 아프간 자녀들의 예방접종 증명서를 발급받고 특별반을 위한 한국어 교사를 구하기까지 시간이 걸렸다. 유치원생 16명, 초등학생 28명, 중학생 19명, 고등학생 22명 등 85명이 한국에서 첫 등교를 준비하고 있었다. 한국에 온 지 7개월째였다.

첫 등교

아미나(가명), 노옥희 교육감,
김재현 통역사의 이야기

2022년 3월 21일

열한 살 아미나에게는 책가방이 허리까지 왔다. 대한적십
자사에서 아프간 학생들을 위해 단체로 주문한 것이라 아
미나가 쓰기엔 조금 컸다. 그래도 괜찮았다. 거의 1년 만의
등교였기 때문이다. 흰색 책가방에 한국어 책이며 필통이
며 차례로 담아 두니 볼 때마다 마음이 간질간질했다. 3월
21일 아침에 일찍 눈이 떠진 학생이 아미나만은 아니었을

것이다. 오전 8시가 되기도 전에 중앙아파트 앞이 시끌벅
적해졌으니 말이다. 초등학생들은 색색의 겨울 점퍼를, 중
고등학생들은 교복을 맞춰 입고 삼삼오오 모여 있었다. 저
마다 메고 있는 가방의 모양이 같았다.

아프간이라면 상상하기 어려운 모습이다. 탈레반이 카
불을 장악한 뒤로 여학생의 등교를 막았기 때문이다. 탈레
반 정권이 3월 20일에 학교를 다시 개방하겠다고 약속했
지만 개학일인 3월 23일에 돌연 등교를 금지했다. 탈레반
은 "교복 디자인을 아프가니스탄의 관습과 이슬람 율법에
맞게 바꿔야 한다"는 이유를 댔으나, 국제엠네스티는 여성
의 인권을 인정하지 않으려는 오래된 수법이라고 비판한
다. 점차 1990년대의 억압적인 정책으로 회귀하려는 모습
에 가까웠다. 같은 날 카불에서는 등교 금지에 반대하는 여
성 인권 활동가들이 펜을 들고 "우리는 배우고 싶다"고 외
쳤다.[13]

여섯 남매 중 셋째인 아미나는 눈치가 빨랐다. 위로는
지적장애가 있는 오빠와 고등학생 언니, 아래로는 남동생
셋이 있다. 류마티즘을 앓는 어머니는 외출이 쉽지 않고,
바그람 한국병원에서 일하던 아버지는 달라진 환경에 적
응하느라 정신없이 바빴다. 아미나를 가까이 본 어른들은

어린 동생이 '엄마 노릇'을 하더라며 일찍 성숙해진 아미나를 기특하면서도 안쓰럽게 여겼다. "저요!" 하고 어디서든 나서길 좋아할 땐 영락없이 초등학생이다가도 고집을 부리는 법이 없었다. "아프간에서는 탈레반 때문에 여자아이들은 학교에 못 다녀요. 저는 아프간에서 6학년이었어요. 시험도 쳤어요. 하지만 제가 지금 아프간에 있었다면 학교에 못 갔을 거예요. 지금은 다 괜찮아요." 한국어가 빨리 느는 편인데, 그중에서도 "괜찮아요"를 일찍 배운 것만 봐도 그랬다.

사실 모든 게 '괜찮은' 것만은 아니다. 가족 전부가 한국에 오진 못했기 때문이다. 아미나의 친어머니는 아프간에 남아 있었다. 아프간은 일부다처제가 인정되는 나라다. 그러나 미라클 작전이 허용한 아프간 특별기여자의 가족 명단에는 배우자 한 명과 미성년자 자녀의 이름만 올릴 수 있었다. 정부는 민법과 난민법 등 국내법상 일부다처제를 용인할 방도가 없어서 이렇게 기준을 정했다고 설명했지만, 아프간 특별기여자의 '가족 결합권'을 협소하게 판단했다는 비판이 나왔다.[14] 가족을 대거 수용할 수 없는 상황이라고는 해도 당한 가족들에겐 생이별이다. 남은 가족을 데리러 오겠다고 약속한 아버지들은 지난 7개월 동안 진천과 여수에서 꼼짝없이 갇힌 신세나 다름없었다.

울산에 온 아미나는 가끔 친어머니와 통화하며 그리움을 달랬다. "언제 만날 수 있겠니? 정말 보고 싶구나." 어머니의 걱정 어린 목소리에 아미나는 의젓하게 답하곤 했다. "저 이제 곧 학교에 가요. 열심히 공부할게요. 동생들도 잘 있어요. 많이 보고 싶어요." 연락은 매번 길지 않았다. 어머니가 너무 많이 슬퍼하는 것 같았기 때문이다. 아프간에 남은 가족들의 처지를 자세히 알 수는 없다. 다만 아프간 가족들의 고민은 그 수만큼이나 다양하며 '특별기여자'나 '난민'으로 뭉뚱그릴 수 없는 개별적이고 고유한 사연이 있다는 것만은 분명하다. 그래서 아이들의 입학은, 한 치 앞을 알 수 없던 아프간 가족의 일상에 아주 드물게 한마음으로 축하할 수 있는 소식으로 다가왔다.

오전 7시 50분, 노옥희 교육감이 전화를 받았다. 등교 시간이 아직 한참 남았는데 학생들이 가방을 메고 일찌감치 아파트 앞에 모여 있다고 했다. 노 교육감도 집에서 나갈 채비를 서둘렀다. 어렵사리 허락된 등굣길인데 혹시라도 입학을 반대하는 거리 시위가 열릴까 봐 그간 내내 걱정스러웠다. 처음엔 서부초등학교에서 아프간 학생들을 맞겠다고 마음먹었다가 유치원생과 중고생 들을 못 만나는 것이 못내 아쉬워 중앙아파트에 직접 가기로 했다. 등교 하루 전에 바뀐 결정이다.

서둘러 도착한 중앙아파트 앞은 흡사 축제 현장 같았다. 아프간 가족뿐만 아니라 현대중공업과 교육청 직원들까지 와서 기다리고 있었다. 서로 기념사진을 찍느라 여념이 없었다. "오늘이 딱 아프간 명절이에요." 들뜬 기색이 보이는 김재현 통역사가 막 도착한 노 교육감에게 일러 주었다. 실제로 3월 21일은 '나우루즈'라 불리는 아프간 설날이었다. 아프간의 두 가지 공용어 중 하나인 다리어로 새로운 날을 뜻하는 나우루즈 다음 날, 아프간에서는 보통 학기가 시작된다. 아프간의 개학일과 울산에서 등교하는 날이 우연히 맞아떨어진 것이다. 김재현 통역사는 이런 사실이 말로 표현할 수 없을 만큼 감격스러웠다.

LG트윈스 야구 선수 김재현을 좋아해서 이름을 '빌렸다'는 그는 한국어에 능숙했다. 아프간 출신으로 10년 전 한국에 귀화하고 결혼했다. 그는 스스로 "아프간 가족들이 한국에 온 첫날부터 지금까지 붙어 있는 사람"이라고 소개하곤 했다. 미라클 작전을 수행하던 법무부가 수소문 끝에 그에게 '출장' 요청을 보낸 게 2021년 8월이니 벌써 8개월

차다. 당시 하늘의 별 따기 수준으로 구하기 어려운 다리어 통역사로, 아프간 출신 귀화자인 재현 씨에게 연락이 간 것이다. 진천부터 여수까지 아프간 기여자들의 '입과 귀'가 되어 주던 그는 결국 다니던 회사를 관두고 울산까지 따라올 수밖에 없었다. 두 자녀가 있는 그에겐 어느 순간 밥벌이 이상의 의미가 있는 일이었다.

"왜 우리는 학교에 안 가요?" 가끔 아프간 아이들의 물음에 재현 씨는 뚜렷한 답을 못 했다. "진천과 여수에 있을 때 밖에 못 나가니까 많이 답답해했거든요. '조금만 기다리면 학교 갈 수 있다', '여기서 나가면 학교 갈 거다' 하고 계속 타일렀어요. 심리적으로 안정시켜 주고 싶었거든요. 그것 때문에 아이들이 등교를 많이 기다렸어요." 울산에 도착하자마자 그의 신경은 온통 아이들 입학에 쏠려 있었다. 그런데 약속을 지키지 못할 상황에 놓였다. 입학 반대 여론이 커지면서 어떻게 될지 모르는 나날이 이어졌다. 학부모 설명회를 계속 따라다니면서 소통을 도운 터라 누구보다 걱정이 앞섰다. "한국 부모님들이 잘못한 건 하나도 없어요. 인터넷에 아프가니스탄을 검색해 보면 테러, 오사마 빈 라덴, 9·11같이 안 좋은 이야기들 뿐이에요. 그렇지만 여기에 온 아프간인들은 그들과 다르다는 이야기를 꼭 해 주고 싶었어요. 자녀를 교육시키고 싶은 마음은 한국 부모님들과 똑같다고요."

다행히 아프간에서 등교하는 날에 맞춰 아이들이 학교에 갈 수 있게 된 것이 재현 씨에겐 정말로 행운처럼 여겨졌다. 울산에 온 뒤 내내 바쁘던 아버지들도 이날만은 함께했다. 자식들 학교 가는 건 봐야 하지 않겠냐며 현대중공업 김창유 씨가 협력 업체 사장님들을 설득한 덕분이었다. "이날은 맨날 입는 검정 옷, 안 돼요. 아이들 입학식이니까 밝은 색으로 입으셔야 해요, 알았죠?" 혹시라도 나쁜 인상을 남길까 봐 어찌나 걱정했던지, 창유 씨가 아버지들에게 단단히 말해 둔 터였다. 아이들이 저마다 하나씩 든 종이 가방엔 사탕과 과자가 담겨 있었는데, 전날 밤까지 현대중공업 동반성장지원부 관계자들이 반 친구들과 나눠 먹으라고 준비한 선물이다. "첫 등교인데, 우리 아이들 잘 봐줬으면 해서요. 일부러 큰 매장에서 비싼 걸로 샀거든요." 창유 씨가 웃으며 말했다. 종이 가방엔 한국어가 삐뚤빼뚤 쓰여 있다. "안녕하세요! 나는 아미나예요. 만나서 반가워요."

평소와 다르게 분주한 아파트 풍경이 아미나에겐 조금 낯설었다. 행렬의 맨 앞에서 쭈뼛쭈뼛 걸어가고 있을 때 노교육감이 아미나의 손을 잡았다. 쌀쌀한 아침 공기를 잠시나마 녹여 줄 '핫팩'이 손에 있었다. 노 교육감이 5학년 아미나의 손을 꼭 잡고 서부초등학교로 향했다. 꿈이 뭔지 묻는 교육감에게 아미나가 한국어로 답했다. "의사가 되고 싶어요." 병원에서 일하던 아버지처럼 언젠가는 아픈 사람들을 치료하고 싶다는 설명까지 붙이지는 못했다. 아파트에서 서부초등학교까지는 걸어서 10분 남짓. 어른들의 인솔하에 똑같은 가방을 멘 학생 스물여덟 명이 아파트 앞 대로변을 지나고 횡단보도를 건너 학교 정문에 도착했다.

한국과 아프간의 첫 글자를 따서 '한아름반'이다. 한국어 학급 세 반에서 아프간 학생들이 당분간 수업할 터다. 노 교육감이 잠깐 들어가 아이들에게 환영 인사를 하자 김 통역사가 이를 다리어로 옮겨 주었다. "여러분, 만나서 반갑습니다. 입학을 축하합니다. 앞으로 열심히 공부하길 바랍니다." 아미나, 마르와, 이먼, 파르니안······. 한 명씩 이름을 부르며 꽃다발을 나눠 주었다. '선생님', '만나서 반갑습니다'같이 간단한 한국말을 아이들이 제법 잘 알아들었다. 6개월 동안 이곳에서 한국어와 한국 문화를 배우고, 언어 구사 정도에 따라 한국 학생들이 있는 일반 학급으로 가게 된다. 여건 개선 교사 네 명, 전문 상담 교사 한 명, 한국어 강사 여섯 명, 교육 활동 지원사 세 명이 서부초등학교에 새로 배정되었다.

노 교육감은 이날 자신의 페이스북에 "아프간 특별기여자 자녀 등교 현장 방문"이라는 글을 올렸다. 교육감이 가지 못한 중·고등학교의 이야기도 담겼다.

"예상보다 훨씬 순조롭게 진행되고 있었습니다. 학생들을 각 학급에서 소개하거나 방송으로 전교생들에게 소개하고 또래 도우미도 문화도우미 등으로 이름 붙여 뽑았는데 희망자가 많았다고 합니다. 한 교장 선생님께서는 통합 수업 시간이 너무 적다며 더 늘려야 하겠다고도 하셨고 주말에 아이들과 함께하는 프로그램도 준비하고 있다고도 했습니다. 너무 고맙고 든든했습니다. 조금 있으니 자기 학교는 걱정하지 말라는 말과 함께 학생들끼리 찍은 사진을 저에게 보내 온 학생도 있었습니다. 난민을 지원하는 NGO 대표님도 장문의 글로 격려와 함께 여러 가지 의견을 주셨습니다. 감사한 일입니다. 하늘은 스스로 돕는 자를 돕는다는 말이 생각났습니다. 모두들 한마음으로 걱정해 준 덕분에 첫 등교는 무사히 마친 것 같습니다. 급식 시간이나 하교는 어떻게 했는지 궁금합니다."[15]

아미나의 손을 잡고 첫 등굣길을 동행한 노 교육감의 모습은 전국적으로 이목을 끌었다. 어쩌면 '표'를 잃는 빌미가 될지도 모를 첨예한 갈등 앞에 선 정치인이 무슬림 난민 편에서 환대를 보여 준 건 처음 있는 일이었기 때문이다. 이귀연 씨는 난민 반대 여론이 이때부터 가라앉았다고 말했다. "혐오가 서서히 잠잠해지는 느낌이었다고 할까요. 그날 이후로 시위나 집회로 표출되는 사건은 없었으니까요." 이날 노 교육감의 동행을 옆에서 지켜본 김 통역사는 아프간 아이들이 언젠가 이날을 꼭 기억하기를 바랐다. 그만큼 "성공적인" 날이라고 생각했다. "입학까지 결코 쉬운 과정이 아니었으니까요. 교육의 목적은 모든 아이를 성숙시키는 거라고 생각합니다. 지금 당장은 결과를 확인할 수 없는 일이에요. 10년, 15년 후에 과실이 열릴 겁니다."

그렇게 될까? 당장 눈앞에 닥친 과제들이 많다. 언어와 문화가 다른 무슬림 학생들이 한국 교실에 잘 융화될 수 있을지, 학교에서 할랄 음식과 기도 시간은 어떻게 제공할지 또 한국 학생들은 아프간에서 온 전학생들을 어떻게 받아들일지⋯⋯. 첫 등굣길의 기대감이 채 가시기도 전에 저마다의 '물음표'가 첫 하굣길을 따라 쌓이기 시작했다.

아프간 주민의
민원 해결사

이정숙 다문화센터장,
김지수 사회복지사의 이야기

2022년 4~5월 울산 동구
가족센터, 정착 지원 사업 시작

김지수 씨의 주머니는 비어 있을 틈이 없다. 가정방문을 다
녀올 때마다 아프간 어머니들이 귤이며 캔 커피며 간식거
리를 쥐여 주는 탓이다. 사회복지사가 이렇게 선물을 받으
면 안 된다고 한사코 거부해도 어머니들이 매번 완강했다.
집에 찾아온 손님을 절대 맨입으로는 돌려보내지 않는 게
아프간의 문화라고 했다. 지수 씨는 자주 난처한 얼굴을 하

고 중앙아파트 101호로 돌아와야 했다. 아프간 가족 29가구가 사는 중앙아파트에서 101호는 아프간 특별기여자 지원사업팀이 사무실로 쓰고 있다. 102호부터 506호까지 가족 구성원을 정리해 둔 '중앙아파트 입숙 현황' 표와 쓰레기장 수거 일정, 해외 발신을 위한 우편번호 등이 아파트를 비추는 CCTV 화면 위에 붙었다.

1년 차 사회복지사인 지수 씨는 꼼꼼하고 살뜰한 성격이다. 이곳에 오자마자 아프간 가족들의 이름부터 외웠는데, '알리 엄마'나 '파르니안 아빠'가 아니라 '사지아'와 '자말'이라는 본명을 정확하게 알고 있어서 지원사업팀 사람들이 놀랐다. 그 성실함 때문인지 가족들과도 스스럼없이 친해졌다. 하지만 밥을 먹고 가라는 아프간 어머니들의 부탁은 늘 고민스럽다. 그사이 두 명의 아이가 태어나 159명이나 모여 살고 있었고, 누구 집에선 먹고 누구 집에선 안 먹더라는 이야기가 퍼져 갈등의 소지가 될까 염려되었기 때문이다. 모든 가정에 똑같이 할 수 있는 게 아니라면 최대한 선을 그을 수밖에 없다고 다짐한 터다.

주머니에서 꺼낸 간식을 책상에 올리자마자 지수 씨 휴대전화가 윙윙 울렸다. 그가 카랑카랑하고 또박또박한 목소리로 전화를 받는다. 아프간 어머니들의 한국어 수업 일정이 어떤지, 현대중공업에서 지원해 주는 버스가 언제 오는지 물으려고 그를 찾는 사람들이 많았다. 거기에 학교를 마치고 온 아이들이 "썬쌩님~!" 하고 올망졸망 따라다니는 탓에 101호가 바로 시끌벅적해졌다.

2022년 4월, 지수 씨는 울산 동구 건강가정·다문화가족 지원센터(이하 다문화센터)의 아프간 특별기여자 정착 지원 사업에 관련된 채용 공고를 보고 지원했다. 한 기관에서 영양사로 일하던 중 "좀 더 성취감 있는 일"을 찾아 사회복지 공부를 시작한 지 얼마 안 됐을 때다. 코로나19 때문에 일자리를 구하기 어렵던 그에게 반가운 기회였다. 경력이 없어서 떨어질 줄 알았는데, 합격했다는 연락을 받고 정말 기뻤다. '아프간 관련 사업이라 지원 자체를 꺼리는 사람들이 많았나?' 의심도 했지만 나중에 듣기로는 지원자들이 꽤 있었다. 면접에서 운전면허 1종을 땄다고 말한 게 득이 되지 않았을까, 지수 씨는 생각했다. 일을 시작하자마자 한밤중에 열이 나는 아이들을 병원에 실어 나르던 날들이 떠올라서다.

이슬람 하면 'IS(이슬람국가)'나 '테러'부터 떠오르던 시절도 있다. 유럽에 여행 가려던 지인들이 IS 때문에 못 가게 되었다고 이야기하기도 했다. 혹여라도 우리나라에 그런 일이 벌어지진 않을지, 굳이 위험을 감수하면서 왜 난민을 받아야 하는지 알 수 없었다. 인식이 바뀌는 데 남편이 큰 몫을 했다. 사진 작가로 활동하는 남편이 2020년 말 '난민의 섬'으로 불리는 그리스 레스보스섬에 다녀온 뒤 이런저런 현실을 알려 주었다. "저에겐 찍고 싶을 때 찍을 수 있는 사진인데, 난민들은 가족사진 한 장 가지기가 어려운 상황이더라고요. 본국에서 탈출한 사람들이기 때문에 외부에 노출이 되어선 안 된대요. 본국에 남겨진 가족들을 위해서 숨어 살아야 하는 거죠." 한국이 저 정도의 인원도 수용하지 못하면 국가가 하는 일은 무엇이고 세계화는 무슨 의미가 있느냐고 질문하는 남편과 대화하며, 그도 조금씩 생각이 바뀌었다.

당찬 포부에 비해 초반에는 허둥지둥했다. 전담 사회복지사가 지수 씨뿐이었기 때문이다. 집에 물이 나오지 않는다거나 아이가 아프다는 민원은 차라리 쉬웠다. 진짜 어려운 문제는 따로 있었다. 예를 들면, 다문화센터에서 하는 한국어 수업에 나가지 않으려는 아프간 어머니를 어떻게 설득해야 할까? 언어 습득이 늦어지면 아이들 적응도 느려질 텐데, 센터까지 가는 버스를 대절해 줘야 할까? 문제를 하나하나 해결해 주면 자립을 막는 게 아닐까? 여성이 혼자 바깥에 나가는 게 아직 어려울까? 아프간 문화를 어디까지 이해하고, 어디서부터 한국 문화를 강요할 수 있을까? 어려운 질문이 지수 씨 머릿속에서 꼬리를 물고 이어졌다.

1992년생 파르콘다 씨의 경우가 그랬다. 그는 '미라클 작전' 일주일 전에 셋째 아들을 낳았다. 생후 일주일 된 아기를 안고 수십 시간에 이르는 피난길에 나서면서 거의 초인적인 인내심을 발휘해야 했다. "당시에 저는 스트레스가 심했어요. 아이가 너무 어렸거든요. 공항으로 가는 길에 탈레반 대원이 '이 아이가 왜 외국에 나가야 하냐'며 저한테 소리치기도 했어요. 저는 모든 것을 잊기 위해 노력했습니다. 본국에 남은 가족들이 너무 그리울 뿐이에요." 영문을 모르는 두 살배기 아이는 이제 중앙아파트의 거실을 막 기어다닌다. 그러다 뭘 원하는지 떼쓰는 울음이 쩌렁쩌렁해지자 그가 다소 지친 얼굴로 아이 등을 토닥였다. "한국에 왔으니까 우리도 바뀌어야 한다는 걸 알고 있어요. 남편도 한국 문화를 좋아하고요. 다만 상황이 힘들 뿐이에요." 파르콘다 씨의 바람은 자유시간을 갖는 것이다.

다행히도 아프간 가족들을 돕겠다는 손길이 있었다. 아이들 자전거부터 겨울 패딩 점퍼, 라면이나 쌀 같은 식료품을 후원하겠다는 기관들이었다. 그런데 이 가족들을 맡은 사회복지사로서는 작은 호의에도 경계를 늦출 수 없었다. 혹시라도 전도를 목적으로 접근한 경우 가족 안에서 '종교 갈등'의 불씨가 생기지 않을까 하는 생각 때문이다. 아프간 특별기여자들에 대해 따가운 시선이 퍼진 상황에서 가족 안에 문제가 생기거나 그런 문제가 기사화된다면 지역사회가 다시 시끌시끌해질 것이 틀림없었다. 그래서 지수 씨는 늘 최악의 경우를 염려했다. "수면 위로 잘 드러나지 않는 문제들을 파악하는 일이 중요해요. 여느 사회복지 업무가 그렇겠지만, 아프간 기여자 지원 업무는 적당히 해서는 안 되는 일이었어요."

이런 지수 씨에게 힘을 준 사람이 이정숙 다문화센터장이다. 두 사람은 "우리는 맨땅에 헤딩 한다"는 농담을 자주 했다. 쾌활하고 에너지가 넘치는 정숙 씨도 사회복지사 출신으로 2020년 2월 1일에 다문화센터장이 되었다. 그는 오랫동안 미혼모 쉼터의 원장으로 일하면서 가족 문제에 관심을 가졌다. 어려움을 겪는 청소년을 자주 만나 '한 명이라도 자신을 지지해 주는 사람이 가까이 있었다면 이 친구가 지금과는 다르게 살지 않았을까?' 하는 고민을 반복하고 있었다. 어느덧 25년 차, "결국 예방이 최고의 대책"이라는 교훈을 얻은 정숙 씨는 다문화센터가 그런 가족의 기능을 도와줄 수 있기를 바랐다. 코로나19 유행 탓에 전국적으로 사회복지시설이 폐쇄되는 바람에 2년 동안 제대로 된 프로그램을 운영하기 어려웠는데, 방역 지침이 완화될 즈음 아프간 특별기여자 정착 지원 사업이 시작되었다.

엄밀하게 따질 때 '난민 지원'은 원래 다문화센터의 일이 아니었다. 건강가정·다문화가족지원센터라는 긴 이름에서 보이듯, 내국인 부모 교육이나 결혼 이주민의 한국 생활 적응을 지원하는 여성가족부 산하 사회복지 기관이기 때문이다. 2010년에 결혼 이주 여성의 한국 생활 적응을 지원하는 '다문화가족지원센터'로 출발했다가 지역사회의 돌봄 사각지대 해소가 정책 과제로 떠오르면서 2018년에 건강가정지원센터 기능이 결합되었다. 지금은 '울산 동구 가족센터'로 이름이 바뀌었다.

아프간 기여자들의 이주 소식이 알려질 즈음 이 센터장에게 연락이 오기 시작했다. "그나마 하는 일이 유사하니 저희에게 전화를 하는 거였어요. 대책을 좀 알고 있을까 싶어서." 그는 그때마다 "아는 거 없습니다." 하고 답했는데 어느 순간 눈치를 채고 깨달았다. '우리가 해야겠구나.' 한국에서 난민의 정착을 지원하는 공공기관이 '존재하지 않기' 때문이었다.

엄밀히 따지면 법무부가 열쇠를 쥐고 있다. 우리나라는 재한외국인 처우 기본법에 따라 국내에 체류하는 외국인의 적응과 자립을 돕기 위해 2009년부터 '사회통합프로그램(KIIP)'을 제공한다. 0단계부터 5단계까지 총 515시간 교육 과정으로 한국어와 한국 문화, 한국 사회 이해 등이 반드시 포함된다. 이 프로그램을 "모든 이민자가 희망에 따라 자율 신청"할 수 있지만, 정보 접근성이 낮아서 난민 지원 현장에서는 그다지 실효적이지 않다고 본다. 법무부의 다른 사회 통합 정책에 대한 평가도 비슷하다. 현장 전문가들은 법무부의 이주민 정책이 통합을 위한 것이기보다 체류와 정착 과정을 엄격하게 관리하기 위한 것에 가깝고, 법률 안에 들어가지 못하는 중도 입국 청소년, 외국인 근로자의 자녀, 미등록자의 자녀, 난민의 자녀는 안전망에 진입하지 못한다고 지적한다.[16] 이민자를 위한 정책이기보다 주류 사회를 위한 정책이었다는 평가다.

난민이 한국 사회에 정착하고 적응하는 데 어떤 도움이 필요한지에 관한 '공적 매뉴얼'이 없던 셈이다. (난민 인정 심사와 난민 신청자 체류 관리 등에 관한 법무부의 업무 지침이 있지만 정착 지원보다는 체류 관리라는 목적을 띤다.) 한국어 교육부터 심리 상담까지 그나마 노하우가 있는 쪽이 다문화센터였다. "꼭 맡아야 할 이유가 있는 사업은 아니었어요. 우리의 우선순위는 외국인이 아니라 가족에 있으니까요." 이 센터장은 아프간 기여자 지원 사업을 가져오는 대신 동구청에 한 가지 조건을 걸었다. 이대로라면 과부하가 걸릴 테니 별도의 인력을 달라는 것. 정직원 다섯 명을 포함해 전체 인원이 열네 명밖에 안 되는 작은 조직이라, 직원들에게 더는 '나쁜 센터장'이 될 수 없었다.

막상 하겠다고 해 놓고 보니 난민 지원은 처음이라 뭐부터 해야 할지 감이 오지 않았다. 참고할 만한 사례가 없었기 때문이다. 그나마 2018년 제주 예멘 난민이 비슷한 경우다. 당시 이들을 지원한 제주시의 다문화센터장에게 전화를 걸어 조언을 구했다. 제주의 경우 울산과 상황이 또 달랐다. 예멘 난민들은 개별적으로 도착해 뿔뿔이 흩어져 산 데다 '정착 지원'과는 거리가 멀었다. 제주시의 다문화센터장은 아주 기본적인 생활 질서부터 알려 줘야 한다고 조언했다. 무단 횡단을 하면 안 된다거나 쓰레기는 분리해서 버려야 한다는 것, 은행 계좌를 만들고 신용카드를 쓰는 법, 병원을 이용하는 방법 같은 것들이다. 문화가 달라서 생기는 일상생활의 사소한 문제가 자칫 큰 갈등으로 이어질 수 있어서였다.

실제로 울산에서 벌어진 일이 있다. 2022년 4월 초, 아프간 초등학생 한 명이 인근에 주차된 차량을 열어 보고 다니는 영상이 SNS에 퍼지기 시작한 것이다. 아프간 아이가 중앙아파트 앞에서 돌아다니는 모습을 누군가 무단으로 촬영했고, 4월 4일에 《데일리안》이 그 영상을 보도했다. 아프간 아이 한 명이 도로변에 주차된 차량의 문을 열기 위해 손잡이를 여러 차례 잡아당기고 지폐를 만지는 듯한 몸짓을 보이며 창문을 두드리기도 했다는 내용이었다. 온라인에서는 '아프간 아이가 차를 턴다'는 잘못된 정보가 퍼지면서 난민에 대한 부정적인 반응이 불거졌다.

울산시교육청은 바로 다음 날인 4월 5일에 설명 자료를 통해 이렇게 밝혔다. "학생은 아프가니스탄 특별기여자의 자녀로 서부초에 재학 중인 장애 학생임. 주말에 발생된 사안이며 학생에 의한 차량 피해는 없음. 학생은 3월 21일 서부초에 첫 등교를 하여 아직 한국 문화에 대한 이해가 부족한 상황이며, 불편한 몸과 문화 차이로 바깥 활동에 대한 그리움이 많아 단순 호기심에 의해 벌인 행동으로 파악함." 이어 재발 방지를 위해 부모 상담과 가정교육을 요청하고 보조 인력을 통해 학생 교육 및 생활지도를 강화하겠다고 덧붙였다. 상담 교사를 추가 채용해서 개별 상담을 지원하고 한국어와 한국 문화에 대한 교육을 강화하겠다는 내용도 있었다.[17] 현재 《데일리안》 기사는 삭제되었다.[18]

이 센터장이 보기에 이런 갈등은 문화 차이에서 비롯한 것이다. "아프간에서는 장애 아동에 대한 특수교육이나 체계가 없잖아요. 그런 아이들이 꼼짝없이 집에만 있기보다 거리를 돌아다니는 것이 자연스러웠을 거예요." 행동 치료를 할 수 있는 곳을 물색했지만 울산에는 없었다. 그렇다고 아이의 도전적 행동을 그대로 둔다면 주민들의 불안이 커질 터였다. 이 센터장은 하는 수 없이 장애인 활동지원사를 통해 아이가 혼자서는 외출하지 않도록 조치했다. 그 덕분에 아프간 장애 아동에게 지원 인력이 배치될 수 있었지만, 민원이 있을 때마다 활동 범위가 줄어드는 것이 옳은지 고민이 된다. "센터장님, 아이들이 그 놀이터를 이용하지 않게 해 주시면 안 될까요?" "센터장님, 저녁에 가족들 좀 조용히 시켜 주시면 안 될까요? 아이들 떠드는 소리 때문에 스트레스 받는대요." 경찰과 동구청에 들어온 신고가 곧장 그에게 전달되고 있었다.

"제가 물었어요. '아이들이 어느 정도로 떠듭니까?' 아이들이 학원에 가는 것도 아니고 놀 데가 없으니 아파트 앞에서 뛰어놀았겠죠. 신고된 시간을 확인해 보면 7~8시 정도였어요. 심야가 아니고 충분히 야외 활동으로 이해돼야 하는 시간인데도 누군가에게는 그들의 존재 자체가 불편한 거죠." 정숙 씨는 민원에 따른 요청이 있을 때마다 알겠다고 짧게 답하고 아프간 가족에게 그것을 전하지는 않기로 했다. "이미 자기들을 싫어한다는 걸 느꼈을 텐데 제가 가중할 이유는 없죠." 그 대신 아이들이 놀이터에 가지 않고도 놀 수 있는 장난감과 공을 지원하거나 방과 후 다문화센터에서 시간을 보낼 만한 프로그램을 더 만들기로 했다.

'급한 불'을 끈 정숙 씨가 그다음으로 염두에 둔 건 어머니들의 적응이다. 그나마 남편은 회사에서, 아이들은 학교에서 한국인과 만날 기회가 있다. 하지만 어머니들은 그럴 기회가 없었다. 혼자 장을 보러 가거나 대중교통을 이용하는 것도 처음에는 버거웠다. 가족마다 정도는 달라도 중요한 결정은 아버지와 남편 없이는 하지 않거나 여성보다 남성이 더 중요하다고 보는 이들도 있었다. 성차별 문화는 자녀 세대에게도 이어졌다. 아프간 가족이 울산에 처음 왔을 때 정숙 씨가 그중 여고생들에게 꿈이 뭔지 물었는데 대답을 거의 못 들어서 내내 마음이 쓰였다. 아프간에서는 여성이 이른 나이에 결혼하면서 교육을 포기하는 경우가 적지 않다. 여학생들 가운데는 대학 진학보다 결혼을 가까운 미래로 여기는 경우도 있었다.

정숙 씨는 이를 단순히 '아버지가 권위적이고 나빠서' 생기는 문제라고 보지 않는다. 세계경제포럼(WEF)이 정치, 경제, 교육, 건강 분야의 성별 격차 현황을 담은 '세계 젠더 격차 지수'를 볼 때 아프간은 해마다 젠더 격차가 가장 심한 나라로 꼽힌다. (아프간은 2021년에 최하위인 156위, 2022년과 2023년에도 최하위인 146위를 기록했으며 한국은 2021년에 102위, 2022년에 99위, 2023년에 105위를 기록했다.) 탈레반의 여성 억압 정책으로 아프간의 여성 인권이 더 하락한 측면이 분명히 있다. 하지만 아동 학대, 가정 폭력, 심지어 명예살인까지 사회에 깊이 뿌리내린 가부장적 사회규범을 타파하는 것은 쉬운 과제가 아니다.

"예방이 최고의 대책"이라 믿는 이 센터장으로서는 일단 아프간 가족을 바깥에 나오도록 설득하는 게 관건이었다. 시장이든 다문화센터든 상관없다. 무조건 한국의 방식을 받아들이라고 강요하는 교육은 자칫 단절이나 고립으로 이어질 수 있기 때문에 과정을 최대한 '부드럽게' 하는 게 중요하다. 예를 들면, 남녀를 구분해서 한국어 교육을 받게 하고 강사와 통역사도 성별에 따라 배치하는 식이다. 실제로 이렇게 해 보니 어머니들의 질문이 많아지고 소통도 원

활해지는 느낌이었다. 자녀의 성교육을 할 때는, 처음부터 '성'이라는 단어를 내세우면 거부감이 들 수도 있을 것 같아 '사춘기'나 '생명'을 강조했다. 어머니들이 한국어 수업에 참여하는 동안 어린 자녀들을 센터에서 돌본 것도 같은 맥락의 노력이다. 그 덕에 파르콘다 씨가 잠시 육아로부터 해방되어 숨이 트일 수 있었다.

아프간 가족이 하루빨리 정착하기 위해서라도 활동 범위를 넓힐 필요가 있었다. 그래서 정숙 씨가 '함께 하다' 프로그램을 기획했다. 다문화센터에서 아프간 가족과 내국인 가족이 일대일 짝을 지어 5개월 동안 교류하는 프로그램이다. 지역 주민의 반감이 잦아들기만 바랄 수는 없다고 생각한 지수 씨에게도 반가운 소식이었다. "저희도 1인 시위 하듯이 '이 사람들 반대하지 마세요.' 할 수는 없잖아요. 자연스럽게 스며들듯이 가까워지는 게 제일 좋다고 생각했어요." "내 친구가 아프간 사람 만나 봤는데, 생각보다 괜찮대." 같은 후기가 곳곳에 퍼지기를 바랐다.

5월 27일, 지수 씨가 서부초등학교 앞에서 '함께 하다' 홍보지를 나눠 주고 있었다. 울산 동구 곳곳에 '아프간 가족의 친구가 되어 주세요'라고 적힌 현수막이 있는데도 지원자가 많지 않았다. 이날은 마음이 다급해진 지수 씨가 학교 앞까지 나간 것이다. 자녀를 데리러 온 한국인 부모들에게 홍보지를 건네는데 반응이 차가웠다. "보통 사회복지사라고 하면 잘 받아 주시는데 내용을 보고는 안 좋아하시는 분위기였어요. 이런 건지 잘 몰랐다고 얘기하시면서요." 때마침 아프간 어머니들도 학교 앞으로 자녀들을 데리러 나왔다. 히잡을 쓴 어머니 두 명이 다가오자 한국인 어머니가 딸을 급히 품에 안고는 도망치듯 학교 앞에서 떠나는 걸 목격했다. 하교하는 학생들이 우르르 나왔지만 아프간 친구들과 한국 친구들 사이는 "바다가 갈라진 듯" 멀어 보였다. 지수 씨는 다시 마음을 다잡았다. "이건 분명히 바뀔 수 있는 문제고, 경험하지 못해서 멈춰 있는 사고라고 생각해요. 왜냐면 제가 그랬으니까요."

그로부터 3개월쯤 뒤 중앙아파트 마당에 모르는 얼굴들이 조금씩 찾아왔다. "혹시 서부초등학교 친구들이니?" 가정방문을 다녀오던 길에 지수 씨가 물었다. 남자아이들이 대답했다. "네, 여기 사힐이랑 같이 축구하러 왔어요." "여기 앞 동에 사는데, 엄마가 여기서 놀다가 오라고 해서 왔어요." 아파트 앞 주차장이 곧 아이들 차지가 된 것을 보고 지수 씨는 흡족했다. 공을 차는 데 피부색은 중요하지 않았다. 지수 씨 주머니에 있던 간식을 나눠 먹을 입이 늘었으니 여러모로 다행이었다.

아프간의 방식
그리고 한국의 방식 1

서강대학교 유로메나연구소
이수정 교수의 이야기

2022년 3월~ 이슬람 문화
이해 교육

한국에 무슬림이 살기 시작한 건 언제일까? 공식적으로 남아 있는 기록을 찾아보면 신라 대까지 거슬러 올라간다. 아랍의 향료와 페르시아산 유리 제품을 싣고 온 아랍 상인들 중 일부가 신라에 정착해 살기 시작했다. 신라 고분에서 나온 토용(土俑)이 서아시아인의 특징을 보이는 것이나 『삼국유사』 중 「처용가」에 등장하는 역신(疫神)이 아랍인으로 추정돼 이를 뒷받침한다. 고려 때도 원(元)의 무슬림들이 한 반도로 대거 이주하고 벽란도 일대에 집단 거주했다는 기록이 있다. 한반도 무슬림의 역사가 1200여 년에 달하는 셈이다.[19]

그 역사가 끊긴 시기가 바로 조선 세종 대다. 『조선왕조실록』에 따르면 '회회인(回回人)'이라 불린 무슬림들이 자신들만의 복식을 착용하고 생활했을 뿐만 아니라 궁중 행사나 축제가 있을 때 이슬람식 기도를 올렸다. 또 집현전 학자들이 이슬람 천문학과 역법을 연구하고 무슬림들은 국가로부터 주택과 직책, 월급을 받으며 살았다는 기록도 있다. 국내 이슬람 연구자들은 당시 길거리에서 조선 시대 복식이 아니라 무슬림 복장을 한 사람들을 쉽게 목격할 수 있었을지도 모른다고 추정한다.[20]

그런데 세종 9년(1427), 의식과 문화를 담당하는 중앙 행정기관인 예조가 세종에게 상소한다. "회회교도는 의관이 보통과 달라서 사람들이 모두 보고 우리 백성이 아니라 하여 더불어 혼인하기를 부끄러워합니다. 이미 우리나라 사람인 바에는 마땅히 우리나라 의관을 좇아, 별다르게 하지 않는다면 자연히 혼인하게 될 것입니다. 또 대조회(大朝會, 매월 1일과 16일에 임금과 신하들이 참석한 조정 회의) 때 회회도의 기도하는 의식도 폐지함이 마땅합니다." 이를 읽은 세종은 이슬람을 비롯한 '오랑캐 풍습'을 금지하는 칙령을 전국적으로 반포한다. 이를 계기로 무슬림이 예전처럼 집단을 이루어 살았다거나 한반도에서 교류했다는 기록이 자취를 감춘다.

지금으로 치면 이민자가 지배 문화에 동화하도록 장려하는 동화주의 정책인 셈이다. 대등한 관계에서 상호 교류에 초점을 두는 다문화주의와 상반된다. 때로 온라인 커뮤니티에는 이 칙령 반포를 세종의 숨은 업적이라든가 속 시원한 '사이다 정책'으로 조명하는 시선이 있다. '자기들 나라에서 그냥 살지, 왜 우리나라에까지 와서 종교를 포기하지도 않고 시끄럽게 하느냐'는 불만도 심심찮게 보인다.

"그때는 전제군주제라 가능했어요. 개인의 자유가 보장되는 현대사회에는 불가능한 조치입니다. 히잡을 쓰느냐 마느냐보다 더 중요한 건, 공동체가 개인의 자유를 어떻게 취급하는가의 문제죠. 쉽지 않은 과정일 거예요." 서강대 유로메나연구소 이수정 교수는 이 '쉽지 않은' 다문화주의를 연구하는 이슬람 학자다. 그에겐 피부색과 종교, 문화 양식이 전혀 다른 민족이 꽤 오랫동안 한반도에 거주해 왔다는 사실이 어쩐지 위로를 주었다. 흔히 생각하는 것처럼 무슬림이 현대사회에 난데없이 튀어나온 존재가 아니라는 사실을 알려 주는 단서라서다. 한반도에 정착해 교류한 역사의 증거만으로도 이질성이 줄어들 수 있다.

1986년생인 이 교수는 대학에서 아랍어를 전공했다. 순전히 이집트 고고학에 대한 동경심 때문이었는데, 막상 전공을 선택한 뒤에는 지구촌 곳곳에서 이슬람이 연루된 분쟁과 극단주의 테러를 목도하면서 연구자의 길에 올랐다. 이슬람에 관한 이야기는 유독 단편적이고 자극적으로 유통된다고 느꼈다. "이슬람은 도대체 왜 그런가?" 이런 질문을 받을 때마다 그가 확실하게 말할 수 있는 건 다양성이다. "다양한 언어와 역사, 문화와 관습, 정체성과 민족, 그 어떤 것이든 하나로 묶을 수 없는 이야기들이에요." 이슬람 인구가 전 세계 인구의 24퍼센트를 차지한다는 사실, 이슬람 인구가 가장 많은 지역은 서아시아가 아니라 인도네시아나 인도라는 사실을 말하면 청중이 놀랄 때가 많다.

아프간 특별기여자가 울산에 오기 전, 이 교수는 한국 사회 속 무슬림을 찾아가는 연구 중이었다. 마침 2018년 제주 예멘 난민 사태부터 대구 이슬람 사원 건립 갈등까지 이슬람이 한국 사회에 뜨거운 쟁점으로 부상하고 있었고, 그의 관심사는 자연스레 다문화 갈등으로 이어질 수밖에 없었다. 그렇게 난민이 애틋하면 네가 데리고 살라는 날카로운 반응을 겪을수록 문제의식이 또렷해졌다. '한국 사회는 타자와 어떻게 공존할 것인가?'

울산시 공무원들의 연락을 받은 건 2022년 3월이다. 교육청과 동구청이 모두 '무슬림 이웃'을 처음 겪으며 우왕좌왕하던 때다. 아프간 난민 정착을 반대하는 지역 주민뿐만 아니라 정착 지원에 관여하게 된 구청, 교육청, 학교 직원들도 이슬람 문화에 대해 잘 모르고 있었기 때문이다. "낯설기 때문에 두려워요. 제대로 알아야 갈등에 대응할 수 있고, 그러려면 서로에 대해 정확히 알아야 해요." '이슬람 문화의 이해'를 주제로 여러 차례 강연하면서 매번 이 교수가 이렇게 강조했다. 다문화주의의 핵심은 상호 인정에 있다고 보기 때문이다. 이주민들에게만 한국 사회에 적응하라고 강요할 수 없다는 뜻이다.

그가 국내 이슬람을 둘러싼 갈등에 이토록 진심인 이유가 있다. 유럽 사회가 이미 무슬림 난민을 둘러싸고 극심한 갈등을 겪고 있기 때문이다. 특히 이슬람을 어떻게 바라봐야 할 것인가는 21세기 국제정치에서도 논쟁적인 주제다. 이를테면 '무슬림을 잠재적 테러리스트로 봐야 한다'는 주장이 난민 수용을 반대하는 측에서 심심찮게 등장한다. 이에 대해 난민 인권 단체는 난민 수십만 명이 유럽에서 인도주의적 위기에 처해 있다고 비판한다. 어디서부터 '국경 관리'고 어디까지 '인권침해'인가? 그 모호한 회색 지대에서 갈등이 첨예해지고, 이 갈등을 부채질해서 이익을 보는 정치 세력이 나타났다. 한국의 경우 난민 유입 규모가 현저히 적긴 해도 지방 소멸과 고령화가 이주를 촉진하고 있다는 점 그리고 이주민이 사회를 지탱하는 버팀목이 되고 있다는 유럽과 닮은 현실을 고려하면, '한국은 다르다'며 그저 뒷짐지고 있을 수는 없다. 유럽의 갈등은 우리에게 다가올 미래이거나 어쩌면 이미 닥친 현실일지도 모른다.

"독일의 1960년대 이주 정책을 비판하는 말이 있어요. '우리가 부른 것은 노동력인데, 온 것은 사람이었다'고요." 스위스 작가 막스 프리슈(Max Frisch)의 시구를 각색한 이 문구는, 1950~1960년대에 경제 회복을 위해 외국인 노동자를 대거 받아들이면서도 정작 게르만 중심 민족주의에서 벗어나지 못하고 그들을 '손님 노동자'로 대우한 독일의 이중적인 정책에 대한 비판을 담고 있다. 손님 노동자는 비유가 아니라 1955년부터 1973년까지 독일에서 운영된 이민 제도다. 대다수는 이탈리아를 비롯한 남유럽과 튀르키예 출신 외국인 노동자였고, 그중에 한국의 파독 광부와 간호사도 있었다. 그런데 1970년대 오일쇼크로 경기가 나빠지면서 이들이 귀환 위기에 놓인다. 손님 노동자 제도가 폐지된 것이다. 하지만 정부가 바라던 대로 외국인의 규모가 줄지는 않았다. 오히려 1982년에는 외국인의 수가 460만 명으로 늘었다. 손님 노동자가 독일에서 새로운 가족을 꾸리거나 본국의 가족이 독일로 이주하면서 정착했기 때문이다. 1970~1980년대 독일행 이주의 절반 정도가 손님 노동자의 가족 구성원이었다.[21] 유럽 연구자들은, 독일이 혈통에 대한 집착을 버리고 이주 국가임을 인정하려는 조짐이 21세기 문턱을 넘고 나서 보였으며, 동화하고 통합하지 않는다고 이주민을 닦달하면서 정작 그들에게 국적 부여하기는 꺼리던 독일의 이중성이 마침내 사라졌다고 지적한다.[22]

앞에 말한 문구가 이 교수에게 강력하게 다가온 것은 한국이 독일의 전철을 밟는 것처럼 보이기 때문이다. 저숙련 노동자를 중심으로 이민을 유치하고는, 일정 기간 한국에 살다가 본국에 돌아가기를 바라며 순환 대상으로 본다. "독일은 숱한 갈등을 겪은 후에야 그 시선이 문제적임을 깨달았어요. 국가는 이들을 노동력으로 보지만, 사실 그 속에는 사람이 있거든요. 이주민이 우리 사회에 어떤 모양으로 정착하게 될지 모른다는 거예요."

그는 특히 대구 북구의 사례를 어떤 시작처럼 느꼈다. 2012년부터 무슬림 유학생들이 경북대학교 인근 집을 빌려 기도하기 시작했고, 2014년에 임대차 계약이 끝나자 작은 집을 매입해 기도실로 사용한다. 그러다 2020년 이슬람 사원 건설을 계획하고 구청의 허가를 받아 건축을 진행하던 중 지역 주민들이 반대하기 시작했다. 소음 피해와 지역 슬럼화, 이슬람 극단주의자의 유입 등을 우려한 것이다. 갈등이 장기화되자 "탈레반이 살고 있다", "테러리스트", "너희 나라로 꺼져라" 등 격한 표현이 현수막에 속속 등장하더니 급기야 공사 현장 인근에서 바비큐 파티를 하거나 돼지머리를 올려 두는 시위까지 벌어졌다. 어쩌면 최악의 갈등을 드러내는 현장을 지켜보며 이 교수는 깨달았다. 평행선을 달리는 주민과 무슬림의 간극이 시간이 흐르면서 자연스럽게 좁혀져 이들이 서로 이해하게 된다거나 기적적인 합의에 이르러 공존할 수 있게 된다는 동화 같은 결말은 없다는 것을. 자칫 "어느 한쪽이 백기를 들기 전에는 끝나지 않는 데스 매치에 가까운 갈등"이 될 수도 있다는 것을.

이 교수는 비슷한 일이 울산에서도 반복될까 우려했다. 아프간 학생 28명이 배정된 서부초등학교에서 할랄 음식을 따로 제공해야 하지 않겠냐는 목소리가 나왔을 때, 누구보다 조심스러웠던 이유다. 갈등이란 엄청난 문화 충돌보다는 대체로 사소한 문제에서 기인하고, 긴장이 잔뜩 엄습한 상황에서 존중과 배려 그리고 소외와 특혜는 종이 한 장 차이였기 때문이다. "무슬림 학생만을 위해 별도의 식단을 제공하는 건 내국인 학생들에 대한 역차별이라는 문제로 커질 수도 있었어요. 그렇다고 도시락을 싸 오도록 하면 날이 더운 경우엔 음식이 상할 수도 있어 무조건 허용할 수도 없고요. 이들을 위해 냉장고를 따로 구입하는 건 역차별이 아닐까요?"

할랄은 아랍어로 '허용된 것', 즉 이슬람 율법인 '샤리아'에 허용된 것을 뜻한다. 그리고 이슬람교에서 돼지고기와 알코올성 음료 등은 금지된 식품이다. 고기는 이슬람 도축 방식인 다비하에 따라 얻은 것만 할랄 식품으로 인정한다. (이슬람교를 창시한 무함마드의 고향) 메카 쪽으로 짐승의 머리를 두고 기도한 뒤 단칼에 목을 쳐서 몸속 피를 남김없이 빼내는 방식이다. 그래서 이슬람권 국가에 식품을 수출하려면 반드시 할랄 인증을 받아야 하고, 명확히 인증되지 않은 음식은 섭취와 활용이 제한된다. 따라서 할랄 음식을 제공하지 않을 경우 외부에서 보기에는 무슬림 난민에게 부당한 조치가 아닌가 싶겠지만, 현장에서는 선주민의 불만을 일으키지 않도록 신경 써야 했다. 역차별 논란이 다문화주의에 대해 부정적인 감정으로 전이될 수 있기 때문이다. 최악의 경우, 이주민에 대한 공격으로 돌아올지도 모른다. 유럽에서 일어난 '할랄 반대 운동'이 그런 예일 수 있다. 이들은 할랄 식품이 동물 학대를 용인하는 야만적 방식으로 만들어지기 때문에 금지되어야 한다고 주장했다. 그러나 일각에서는 이슬람 혐오라는 속내를 정당화하려고 펼쳐든 가림막이라는 비판이 제기되었다.

이 교수가 보기에, 서로 배려할 '여지'를 키우려면 처음부터 무조건적 혜택은 없는 편이 낫다. "일방적인 배제나 수용의 관점으로 접근하면 갈등의 폭발이라는 결말로 치달을 거예요. 공존이라는 단어에 숨은 뜻은 서로 인정하고 현실을 직시하며 상호 교환을 이루어야 한다는 것입니다. 나와 다른 타자와 함께 살아야 하는 것은 이제 피할 수 없는 현실이니까요." 이민자에 대한 온정주의도 배타적인 혐오도 적당히 걷어 낸 채 지극히 현실주의자일 수밖에 없던 현장 연구자의 조언이다.

다문화주의하에서 선주민과 이민자의 공존은 정치적으로 예민한 주제가 되기도 한다. 『다문화 쇼크』(스리체어스, 2022)를 쓴 김무인은, 한국 정부의 다문화 정책이 특정 집단에 대한 '적극적 우대 조치' 형식으로 구현되면서 차별의 생성과 고착화를 조장한다고 지적한다. 일례로 영유아보육법은 취약보육 우선 실시 원칙에 따라 다문화 가족 영유아에게 어린이집 우선 입소 기회를 부여하고 있다. 국토교통부령 주택공급에 관한 규칙은 공공 임대주택의 특별 공급 대상자 중 하나로 다문화 가족을 지정했다. 물론 여기에는 북한이탈주민이나 다자녀 가구 등도 포함되어 있지만, 반발 여론도 못지않다. "이 우대 조치의 문제점은 그들의 사회경제적 지위와 상관없이 다문화 가족이란 이유만으로 이루어진다는 점이다. 사회적 약자를 위한 배려라는 보편성을 상실한 이런 우대 조치는 원주민으로 하여금 역차별 의식을 불러일으킨다." 결혼 이주자 집단을 한국 사회의 구성원으로 대하기보다는 한국 사회를 위한 '사회적 재생산 및 경제적 수단'으로 바라본 다문화 정책의 안일함을 지적하는 대목이다. 아프간 특별기여자 정착 과정에 이렇게 적극적인 우대 조치가 반영되진 않았지만, 이주민을 시혜나 동정의 대상으로 보면 안 된다는 점은 마찬가지다.

아이들이 등교하기 시작하고 얼마 안 된 4월부터 이 교수의 자문을 기다리는 학교 현장이 우후죽순처럼 나왔다. 이를테면 기도실은 어떻게, 어디에 마련할 것인가? 유희와

유흥을 즐기지 않는 라마단 동안 음악 수업에 참여하지 않겠다는 학생의 요구를 어디까지 받아들일 것인가? 할랄 음식이 아니면 급식을 좀처럼 입에 대지 않는 아이를 어떻게 할 것인가? 어디에서도 매뉴얼을 찾을 수 없다는 점이 가장 곤혹스러운 문제다.

이 교수는 교육 현장에서 바라본 아프간 특별기여자의 정착 과정을 담은 논문 「한국 사회의 무슬림 이주 동의와 수용」(2022)에서 이렇게 밝힌다. "예배와 같은 이슬람 종교 의무, 규율에 따른 갈등은 이를 조율하고 지침을 마련할 명확한 책임 주체가 정해지지 않았다. 예배 관련 갈등이 발생하였는데, 아이들을 지도하는 담임 교사는 이를 학교 측에 문의하고, 학교는 명확한 답변을 내릴 수 없는 상태로 교육청에 언급하고, 교육청 역시 정확한 지침을 누가 어떻게 내려야 하는지 결정할 수 없는 상태로 고착되었다. 이와 같은 상황이 교육 현장에서 처음 발생했기 때문에 수많은 이해 당사자들 중에서 누가 이런 상황을 해결할 수 있는지, 그 기준은 무엇인지, 우리가 허용해야 하는 범주는 어디까지이고, 우리가 허용할 수 없는 요소는 어떤 것인지 사회적 합의를 통한 기준점 설정과 제시가 필요한 상황이다."[23]

어쩌면 다문화주의는 다양성이 존중되는 아름다운 동

화가 아니라, 끊임없이 갈등하고 협상해야 하는 불편한 과정이라는 것을 울산은 점차 경험하고 있었다. 그 최전선에서 이 교수는 두 가지 기준을 늘 상기했다. 서로에게 정확한 정보와 합의점을 제시할 것 그리고 만족할 수 없겠지만 수긍할 수 있는 결론을 이끌어 낼 것. 엉킨 실타래처럼 느껴졌지만, 결국엔 풀어낼 수 있으리라 그는 믿었다. 이미 우리에겐 수천 년 동안 이어 온 교류의 역사가 있기 때문이다.

아프간의 방식
그리고 한국의 방식 2

자말, 서강대학교 유로메나연구소
박현도 교수의 이야기

2022년 7월~ 아프간 특별기여자
한국 생활 적응 교육

선박 안은 분진이 너무 많아서 눈을 뜨기가 어려웠다. 자말 씨가 면장갑을 낀 두 손으로 안면 보호대를 고쳐 써 보았지만 소용없다. 작업용 마스크 위에 황사 마스크를 두 장이나 덧대어 쓰니 숨쉬기가 영 불편했다. 현대중공업 협력 업체로 출근한 지 어느덧 5개월째다. 그는 조선용 배관에 테이프 감는 일을 주로 맡았다. 기계 안으로 들어가거나 높은 곳에 올라가기도 한다. 손이 벌겋게 부어오른 채로 귀가할 때가 있어서 사지아 씨의 걱정이 컸다. "다른 일은 없어요?" 땀범벅이 된 옷을 갈아입으며 자말 씨는 답했다. "일을 잘 이해하고 있어서 괜찮아요. 걱정 말아요." 아프간에 살 때도 목수로 일해 보지 않았냐며 아내를 안심시켰다.

사실 아프간 아버지들은 조금씩 지쳐 갔다. 조선소의 고강도 노동은 한 번도 해 보지 않은 일이다. 평생 의사, 간호사, 통역사로 일하던 이들이 익숙해지기가 쉽지 않았다. 아버지들이 회사에서 받은 월급은 170~250만 원 정도인데, 아프간에서 받던 임금에 비하면 훨씬 높은 수준이라도 한국에서 대가족의 생계를 책임지기엔 늘 부족한 돈이다. "아프간에서는 아이가 많아도 살기 괜찮아요. 한국은 물가가 높아서 많이 어려워요." 아버지들 대다수가 본국에서 쌓은 전문직 경력을 한국에서 이어 가고 싶어 했지만, 그러려면 한국어나 영어에 능통해야 했다. 사실 조선소 현장에서는 한국인보다 외국인이 더 많이 일하기 때문에 한국어가 거의 쓰이지 않았다. 더 나은 일자리를 찾아볼 수도, 본국으로 돌아갈 수도 없는 상황에서 답답함과 무기력이 남 모르게 쌓여 가고 있었다.

서울에 계신 박현도 교수님을 모시고, 앞으로 한국 생활 적응에 꼭 필요한 교육을 진행할 예정이니 모두 꼭 참여해 주시기 바랍니다. 아버님들께 꼭 필요한 교육이니 모든 분들의 참여를 부탁드립니다.

2022년 7월, 다문화센터가 아프간 가족의 소통을 위해 만든 온라인 커뮤니티에 한국어와 다리어로 공지가 올라왔다. 이슬람, 서아시아 전문가인 박현도 교수가 아버지들의 한국 생활 적응 교육을 위해 울산을 찾는다는 연락이었다. 아버지들의 적응을 어떻게 도와야 할지 난감해하던 이정숙 센터장의 간곡한 요청이 있었다. 이란에서 박사 학위를 받은 박 교수는 아프간 위기가 터진 2021년 8월 이래 서아시아 정세를 주시하고 있었다. 환호 속에서 한국에 도착한 아프간 특별기여자들의 삶이 결코 녹록지 않으리라는 것을 예감했다. "가족 단위로 대규모로 들어온 건 처음이잖아요. 이슬람은 다른 종교에 비해 규율이 센 편이라 적응이 쉽지 않을 거예요." 박현도 교수가 말했다.

퇴근 후 저녁 시간이라는 점이 조금 부담스러웠지만 자말 씨는 참석하겠다고 답글을 달았다. 아버지들만 초대된 교육은 처음이었다. 자말 씨는 여권이 없이 해외로 나갈 방법이 있는지 물어보고 싶었다. 독일에 사는 고령의 어머니 때문이다. 아홉 남매 중 다섯째 아들인 자말 씨를 포함해 가족이 독일과 캐나다, 미국 등지에 뿔뿔이 흩어져 있다. 무자헤딘과 탈레반 등 아프간 무장 세력의 공격을 피해 수십 년간 본국을 떠나야 했다. "자말, 언제쯤 나를 보러 올 수 있겠니? 내가 더 늙기 전에 파르니안과 이먼도 보고 싶구나." 휴대전화 너머로 어머니의 목소리가 조금 떨렸다. "지금 여권이 없어서 나갈 수가 없어요. 한국 법을 따라야 해요. 아마 5~6년쯤 뒤에는 여행 비자라도 나오지 않을까 싶어 기다리고 있어요." 짧은 통화를 마치고 나서 자말 씨는 마음 한편이 무거워졌다.

다른 아버지들도 상황이 비슷했다. 울산에서 태어난 아기에게 왜 한국 '시민권'(국적)이 나오지 않는지, 본국에 남은 가족을 한국으로 데려올 수 있는지, 한국어를 잘하게 되면 더 나은 직업을 가질 수 있는지……. 한국은 탈레반의 위협에서 구출해 준 고마운 나라지만, 언어와 문화가 전혀 다른 곳이다. 이런 데서 경력을 포기하며 남은 인생을 계속 살지 결정하는 건 저마다 의견이 달랐다. 이것이 7월 8일 저녁, 아버지 20여 명이 땀범벅이 된 작업복을 깨끗한 셔츠로 갈아입고 다문화센터에 모인 이유다. 자리마다 기다란

바게트와 요구르트, 꿀이 요깃거리로 놓였다. 먼저 도착한 박 교수와 김재현 통역사가 "살람!" 하고 목례했다.

자못 진지한 얼굴로 말문을 뗀 박현도 교수의 강의는 한국 생활 적응에 필요한 정보라기보다는 설교나 간청에 가까웠다. "한국에서 5년 이상 거주하면 국적을 신청할 수 있어요. 그러기 위해선 한국말을 잘 해야 하고 한국 역사도 잘 알아야 합니다. 한국 국적을 받으면 좋은 게 뭐가 있을까요? 한국 여권으로 갈 수 있는 나라가 전 세계에서 두 번째로 많아요. 아프간으로 돌아갈 마음이 없다면 한국에 어떻게든 정착해서 국적을 취득하시라고 말씀드리고 싶어요. 그게 가족들에게도 큰 기회가 될 겁니다." 사실 난민 인정자 가운데 한국 국적을 취득한 경우는 극히 드물고, 귀화 시험은 한국인도 풀기 어려운 것으로 정평이 나 있다. 그럼에도 이 말을 꺼낸 건 아버지들이 한국에 정착하겠다는 의지만 있어도 절반은 성공이라고 봤기 때문이다.

아프간 특별기여자들은 법무부에서 거주(F-2) 비자를 받았다. '외국 국적을 가진 대한민국 국민의 자녀'나 '대한민국에 30만 달러 이상 투자한 외국인' 등에 부여되는 체류 자격으로, 자유로운 취업 활동이 가능하고 1회 체류 기간인 5년을 넘으면 연장도 가능하다. 다른 체류 자격에 비하면 꽤 안정적이다. 특히 난민 인정률이 2퍼센트에 그칠 만큼 까다로운 한국의 난민 심사가 면제된 것만으로도 상당한 혜택을 받은 셈이다. 박 교수가 말했다. "예멘 사람들에겐 한국 정부가 그 비자를 주지 않았어요. 예멘 난민은 국적을 취득할 수도 없고 이렇게 집도 못 받았어요. 이슬람 국가를 어쩔 수 없이 떠나온 난민에게 한국 정부가 이런 혜택을 주는 건 처음이에요."

고용허가제로 입국한 이주 노동자의 경우 최장 4년 10개월간 일한 뒤 반드시 출국하고 재입국하는 과정을 거쳐야 체류 자격(E-9)이 갱신되는 것에 비해 아프간 특별기여자들은 자유로운 상황이다. "아버지들 회사에 가면 인도네시아나 말레이시아 노동자분들이 계시죠. 그분들에게 '네 비자하고 내 비자하고 바꾸자' 하면 아마 당장 그러자고 할 겁니다. 저는 지금이 엄청난 기회라는 점을 말씀드리고 싶어요. 기분 나쁘게 생각하지 마시고 이 기회를 잘 이용하시면 좋겠습니다."

냉정하게 보면, 사실이다. 한국 정부는 이들을 위해 '특별기여자'라는 지위를 만들고 이를 뒷받침하기 위해 출입국관리법 시행령까지 개정했다. 무슬림 난민을 수용하는 것에 대한 반발을 낮춘다는 정치적 의도가 있었다. 외교부의 정책자문위원으로서 '미라클 작전'의 막전 막후를 가까이에서 접한 박 교수는 현실적인 조언이 필요한 때라고 생각했다. 한국 정부가 해외에서 일어난 분쟁의 피해자를 대규모로 이송한 첫 사례인 아프간 특별기여자에게 장기 체류 자격을 부여한 것이 지나친 특혜가 아닌지 묻는 목소리가 있기 때문이다. "유럽을 포함해 많은 국가의 난민 정책은 원칙이 있습니다. 가능하면 안 받는다는 것이에요. 시리아 내전이 시작되고 유럽 국가들이 강도 높게 국경을 단속했어요. 왜냐하면 난민을 받는다는 게 그 나라 정치인으로서는 대단히 위험한 일이기 때문이죠. 세계 어떤 나라도 난민 받아들이는 걸 좋아하는 국민은 없어요. 그런데 정말 독특하게도 아버지들이 한국에 온 것은 아주 환영받았어요. 한국 정부가 국제사회와 약속한 게 있기 때문이에요. 아마 이게 처음이자 마지막이 될 수도 있어요."

자말 씨는 아주 잘 안다. 한국처럼 안전한 국가로 탈출할 수 있어서 정말 다행이라는 사실 말이다. 독일과 캐나다에 있는 가족들도 난민 신분이지만 일자리를 못 구하고 있었다. 그에 비하면 상황이 낫다. 하지만 '난민'이라는 단어는 좀처럼 익숙해지지 않는다. 당분간은, 어쩌면 꽤 오랫동안 고향으로 돌아갈 수 없을 것이다. 밖에 나가지 못해 "감옥 같았던" 진천과 여수를 떠나고 나서야 하나둘 체감된 현실이다. 올해로 쉰하나, 나이는 들어 가고 파르니안과 이먼은 막 자라나는 중이다. 맏아들 알리는 대학에 가야 한다. 예멘 난민이나 말레이시아 노동자처럼 혼자 왔다면 몰라도 대식구를 부양해야 하는 상황만큼은 온전히 아프간 난민들의 고충이다. "한국의 안전은 아프간 어느 곳보다 좋아요. 다만 월급이 적어서 계속 일할 수 있을지 모르겠어요."

한국 사람들이 이슬람에 대해 경계하는 것도 자말 씨는 이해했다. "이슬람 사람은 좋은 사람이지만 나쁜 사람도 있어요." 모든 민족과 종교에 통하는 말이다. 사실 이슬람 국가가 세계의 화약고가 된 것은 오랫동안 이어진 수니파와 시아파의 분열에 서구가 개입하면서 정치적 혼란이 심해진 결과다. 자말 씨는 시아파에 속했는데, 수니파와 정치적 관점이나 교리가 달랐지만 그뿐이다. 그에게 이슬람은 "이웃을 돕고 가족의 안녕을 기원하는" 종교다. "이슬람 사회의 갈등은 생각이 달라서 벌어지는 일이에요. 시아든 수니든 그저 같은 사람인데도요." 다만 이슬람 문화에 익숙하지 않은 한국인의 날 선 반응을 마주할 땐 어디서부터 설명해야 할지 난감하다. 머리에 스카프를 두른 파르니안을 한참이나 쳐다보며 지나가는 사람을 만났을 때, 이먼이 놀이터를 이용하지 못하는 곳으로 생각한다는 걸 알았을 때 자말 씨는 아버지로서 막막했다.

박현도 교수는 이런 아버지들에게 북미로 이민 간 한인 1세대의 이야기를 들려주고 싶었다. 캐나다에 유학하던 1990년대에 그가 직접 겪은 일이다. 미국 라스베이거스에 카지노 호텔을 구경하러 갔다가 우연히 화장실에서 일하고 있는 한국인을 만났는데, 그가 한국인으로 보이는 박 교수와 마주치자마자 대뜸 "내가 청소는 해도 집에 자가용이 두 대고 방마다 에어컨도 있다"며 호통쳤다. 청소한다고 무시하지 말라는 그의 난데없는 말을 이해한 건 몇 년 뒤 캐나다에서 아르바이트로 계산원 일을 하면서다. 함께 간 가족을 위해 주말에 돈을 벌어야 했다. 한국인 사장님이 20년 넘게 밤낮없이 운영한 가게였다. "그분들이 사실은 한국에서 잘살던 계층에 속했어요. 그 돈으로 자녀들을 교육했습니다. 그 2세들이 의사 되고, 간호사 되고, 교수가 된 거예요. 그리고 아들딸들은 미국인처럼 살아요."

아프간 자녀들이 한국에서 살아가는 모습은 한인 이민 2, 3세대처럼 문화적으로 달라질 것이다. "아버지들은 아프간 사람이지만 아들딸은 '반한국인'이 될 거예요. 그들의 자녀는 한국인이 될 거고요. 아버지들은 어쩌면 마지막 아프간 사람이에요. 아프간인이라는 자부심과 정체성은 갖지만, 아이들이 갈수록 한국어를 더 잘하게 될 거예요." 박 교수의 말에 아버지들 몇몇이 고개를 조용히 끄덕였다.

당장 히잡과 할랄 음식만 해도 이슬람 규율을 얼마나 따를지에 대해 아프간 가족마다 의견이 분분했다. 자말 씨 부부는 파르니안이 히잡을 자유롭게 쓰길 바랐지만, 이를 좋지 않게 보는 사람들이 있었다. 특히 수도 카불과 지방 도시들 간 인식 차이가 컸다. "저는 남자아이든 여자아이든 같이 놀아도 괜찮다고 너그럽게 생각해요. 히잡에 대해서도 마찬가지고요. 하지만 다른 도시 사람들은 그렇게 생각하지 않아요." 사지아 씨는 이웃의 핀잔이 슬슬 갑갑해지고 있었다. 여느 공동체가 그렇듯 모여 살다 보면 규율이 엄격해진다. 자녀들이 점점 한국 문화에 적응할수록, 이슬람 규율을 엄격하게 고수하는 부모와의 관계에서 예기치 못한 갈등이 생길 수 있다.

특히 딸들의 삶이 그렇다. 한국 사회에 적응하는 것은 아프간 사회의 성차별적 문화를 바꾸려는 아버지들의 노력이 따라야 하는 일이기도 하다. 박 교수가 또 다른 경험을 꺼냈다. "저희 할머니 인생은 아기 낳고 밥하고 청소하고 제사하고, 이게 끝이었어요. 할아버지가 지금 아프간 아버지하고 똑같았어요. 할아버지가 시장에서 장 봐 오면 할머니가 요리하곤 했으니까요. 할머니와 할아버지는 식사를 같이 하지도 않았어요. 제가 그게 늘 마음 아파서 할머니를 방으로 모시고 들어갔거든요. 근데 할머니는 밖이 더 편하다면서 안 들어가셨어요. 지금으로부터 50년 전 이야기입니다. 한국은 이제 그런 사회가 아니에요." 아버지들이 아프간에서처럼 권위적으로 행동하면 문제가 될 수 있다, 한국인으로 살려면 한국의 법을 잘 따라야 한다는 조언도 잊지 않았다. "국적을 취득하려면 경찰 기록이 없어야 해요. 아내 또는 자녀를 때렸다거나, 때리지 않았어도 경찰이 출동한 일이 있었다든가 하는 기록이 없어야 한다는 거예요. 한국은 여성의 능력과 지위가 높은 사회입니다. 그러니 딸들을 더 많이 밀어주세요."

사실 강의 내내 주최 측인 다문화센터에선 혹시라도 아버지들이 강의 내용에 불만을 품어 교실 문을 박차고 나갈까 봐 걱정했다. 다행히 아버지들 사이에서 양보할 부분은 양보하고 새로 배워야 할 부분은 받아들이자는 공감대가 커지고 있었다. 두 시간짜리 강의가 끝나고도 질문이 쏟아졌다. "얼마나 더 체류하면 시민권이 생기나요?" "아이들은 여기서 대학에 다닐 수 있나요?"

아무리 안정적인 체류 자격이 있어도 낯선 타국에 이민하고 정착하는 것은 끝 모를 안갯속을 더듬더듬 걸어가듯 불안하고 고된 여정일 수밖에 없다. 자말 씨는 다시 힘을 내 보기로 했다. 늦은 밤이 되어서야 돌아간 집에서 세 아이가 기다리고 있었다. 속 깊은 파르니안이 이번 여름에는 다 같이 바다로 놀러 가자고 했다. 카불에 살 때 아이들을 데리고 카르가 호수에 가곤 했다. 한국에서 보내는 첫 여름 휴가에는 가족들과 울산 바다를 보러 갈 참이다. 2년 전 카르가 호수에서 휴대전화로 찍은 가족사진을 보니 아이들이 그새 훌쩍 자란 것 같다. 카불에서 5000킬로미터 떨어진 곳이지만 가족이 있으면 집이라고, 자말 씨는 생각했다.

초등학교 학부모
만남의 자리

사지아, 김호산나 통역사의 이야기

2022년 9월~ 2학기 시작

으깬 감자와 시금치, 파를 섞어 소를 만든다. 밀가루 반죽을 동그랗게 밀어 펼친 다음 채소로 만든 소를 고르게 편다. 약불에 기름을 두르고 반죽이 노릇노릇해질 때까지 익히면 납작한 빵, '볼라니'가 된다. 취향에 따라 새콤한 요구르트를 찍어 먹기도 하는데, 그냥 먹으면 감자전처럼 기름지고 고소한 맛을 느낄 수 있다. 아프간에서 주식처럼 먹는 음식으로, 나눠 먹기를 좋아하는 아프간 가족들은 한 번에 50장씩 부치곤 했다.

사지아 씨가 울산에 와서 좋은 점 중 하나는 먹고 싶은 음식을 양껏 만들 수 있다는 것이었다. 진천과 여수에서는 수백 명이 기숙사에서 생활하다 보니 매끼 도시락이 배급되었다. 대체로 한국 음식이었고, 드물게 인도 음식인 날도 있었지만 아프간에서 먹던 맛을 따라올 수는 없었다. 게다가 양이 일정하다 보니 먹성 좋은 아이를 둔 집은 고민이 많았다. "아이들이 새벽에 늘 배고파해서 저는 아침만 먹고 나머지는 냉장고에 보관했어요. 처음에는 옷과 생리대도 많이 부족했어요." 울산에 와 전용 부엌이 생기고 나서야 '브린지'라는 쌀밥과 소고기 완자 '코프타'를 직접 만들 수 있었다. 잠시나마 느껴 본 고향의 맛이었다.

볼라니는 김호산나 통역사에게도 고향의 맛이다. 선교사인 부모님을 따라 세 살 때 타지키스탄에 가서 10년을 살았다. 아프간의 북동쪽 국경과 맞닿은 타지키스탄은 국내 기독교 단체들이 서아시아 지역 선교 활동을 위해 가는 나라였다. 그곳에서 초등학교를 나온 호산나 씨는 페르시아어의 일종인 타지크어를 배웠다. 페르시아어는 이란·타지키스탄·아프가니스탄 등지에서 쓰이며 이란어·타지크어·

다리어(아프간어)로 불리는데, 단어의 차이가 있어도 소통이 가능하다. 타지크어와 다리어는 "남한어와 북한어의 차이" 정도를 보이기 때문이다. 호산나 씨가 어릴 때 옆집에 살던 타지키스탄 할머니의 보살핌을 자주 받았는데, 그 덕분인지 말을 빨리 배웠다. 그가 유년 시절의 상당 부분을 타지키스탄과 말레이시아에서 보내고 한국으로 돌아왔을 땐 스스로가 한국인처럼 느껴지지 않아 조금 혼란스러웠다. 스무 살이던 2021년 8월, 진천에서 아프간 특별기여자들을 처음 만났을 때 옛날 타지키스탄으로 돌아간 것처럼 반가웠다.

호산나 씨는 진천과 여수를 거쳐 온 통역사 중 유일한 여성이다. 특히 산부인과 진료는 남성 통역사가 함께할 수 없어서 그가 주말도 반납할 때가 잦았다. 법무부 직원들은, 말이 없고 소극적으로만 보이던 아프간 어머니들이 호산나 씨 앞에서 수다쟁이가 되는 데 놀랐다. 호산나 씨만의 정 많고 사근사근한 성격 덕인지, 언제부터인가 아프간 사람들은 그를 '사보나'라고 불렀다. 다리어로 밤이라는 뜻이다. 호산나 씨가 뜻이 별로라며 "낮으로 불러 주면 안 돼요?" 하니 이런 답이 돌아왔다. "아프간에서 밤은 아름답다는 뜻이에요. 달도 있고, 별도 있고, 낮보다 훨씬 예쁘거든요."

이때 호산나 씨가 사지아 씨를 만났다. 처음엔 '사과'라는 단어도 떠오르지 않을 만큼 다리어에 서툴던 그가 진천과 여수에서 가장 의지한 사람이다. "한국어 수업 통역 때마다 말이 턱턱 막히는 경우가 많아서 정말 힘들었거든요. 그럴 때 사지아를 보면 다리어를 알려 주곤 했어요." 눈이 반짝거리는 학생이었다. 바람 잘 날 없던 6개월이 지나 아프간인들과 동고동락하는 것도 끝일 줄 알았는데, 울산 서부초등학교에서 통역이 필요하다는 연락이 왔다. 대학에서 유아교육을 공부하던 그가 한 번 더 휴학계를 냈다. 사지아 씨가 그를 누구보다 반겼다. "사보나, 우리 집에 저녁 먹으러 오세요." 나중에 안 사실이지만, 아프간은 속담에 '손님을 사랑한다'는 표현이 있을 정도로 접대에 진심이었다.

사지아 씨는 요리를 하고 그걸 사람들과 나눠 먹는 동안 현실을 잊을 수 있어서 좋았다. 아프간에 남겨 둔 가족과 평화롭던 시절을 그리워하는 마음 그리고 여기에서 아이들을 잘 키워 내야 한다는 마음이 소리 없이 싸웠다. 평생 살아온 방식을 몇 달 만에 바꾸기란 어렵다. 호산나 씨는 아프간 어머니들의 그런 마음을 알아채는 몇 안 되는 한국인 친구였다.

사지아 씨는 울산에 온 뒤로 한국어 공부에 더 매달렸

다. 거실 책꽂이에는 한국어능력시험 문제집과 공책이 겹겹이 쌓여 있고, 시간이 날 땐 유튜브로 KBS 뉴스 채널을 켜 두곤 했다. 집안일을 끝낸 뒤 세 자녀와 남편이 잠든 한밤중에 혼자 한국어를 공부했다. "한국어를 빨리 배워야 해요. 어서 일을 구하고 싶거든요." 세 아이의 양육비 부담이 갈수록 커졌다. 게다가 고3이 된 큰아들 알리가 대학 진학을 계획하고 있었다. 남편이 받는 월급 200만 원과 기초생활보장제도에 따라 받는 생계급여가 있어도 다섯 식구를 감당하기엔 부족하다. 빵집이며 큰 슈퍼며 잡화점이며 동네 가게에 직접 찾아가 일할 수 있는지 물어보기도 했다. 하지만 매번 자리가 없다는 말만 들었다. 한 가게에서는 "노 스카프!"를 거듭 외치면서, 일을 하려면 히잡을 벗어야 한다고 했다.

아프간으로 돌아가는 희망을 품은 적도 있다. 아버지들 가운데 본국 상황이 안정되면 돌아가려고 하는 이들이 있었다. 한국이 안전하기는 해도 조선소 일이 아프간에서 하던 일보다 고된 데다 대가족을 부양하기가 어렵기 때문이다. 문제는 탈레반의 집권이 장기화된다는 것이다.

사지아 씨는 꽤 현실적인 사람이다. 언젠가 아프간 정세가 안정되어도 아이들은 아마 가지 않으려 할 거라고 짐작했다. 돌아갈 수 없다면 적응해야 한다. "여기선 혼자 운동하러 가도 무섭지 않아요. 아프간에서는 남자들 사이에 있으면 무섭거든요. 한국 사람들은 많이 친절해요." 아프간에 있을 때는 30분이 넘던 아이들 등하굣길에 늘 함께했는데, 지금은 아이들끼리 등하교 해도 안심이 된다. 한국 문화가 좋다고 설명하던 그가 한국말이 잘 떠오르지 않아서 한참 생각하다 번역기에 입력하니 한글 일곱 자가 뜬다. "여성에 대한 존중." 다른 아프간 어머니들보다 한국어에 능숙한 사지아 씨를 호산나 씨는 '아프간 어머니 대표'라고 불렀다.

오랜만에 볼라니를 만들어야겠다고 생각한 건 곧 있을 서부초등학교 학부모 만남 자리 때문이었다. 1학기와 달리 2학기에는 아프간 학생들이 원적반에 가서 수업하는 시간이 점차 늘어날 터였다. 그래서 학교에 다시 긴장감이 감돌았다. 사지아 씨도 자신들을 달가워하지 않는 목소리를 안다. "몇몇 사람들이 아프간인은 여기서 공부하지 말라고, 탈레반은 서부초에 오지 말라고 말했어요." 하지만 호산나 씨가 경험하는 교실은 바뀌고 있었다. "한국 친구들이 같이 놀겠다고 아프간 반에 맨날 찾아와요." 서로 적응하기 위해서라도 아프간 학생들과 한국 학생들이 어울릴 기회가 하루빨리 많아지는 편이 낫다. 학부모 만남 자리에 참여할 아프간 어머니를 추천해 달라는 학교의 요청에 호산나 씨는 바로 사지아 씨를 떠올렸다.

음식을 나눠 먹으면 사이가 좋아진다는 아프간 속담이 있다. 사지아 씨는 속담을 믿어 보기로 했다. "아프간 사람과 한국 사람은 공감대가 많이 있어요." 최근 '공감대'라는 말을 알고 나서 적어 두었다. 한국에서 음식을 나눠 먹는 것, 그걸 '정'이라고 부르는 문화와 자녀 교육을 중시하는 문화가 사지아 씨에게는 낯설지 않았다. 볼라니는 아프간 음식이라도 향신료가 없어서 한국인 입맛에 잘 맞는다는 말을 듣고 메뉴로 정했다.

한국인 어머니와 아프간 어머니들이 만나는 자리는 서부초등학교가 노력한 결과로 마련되었다. 아프간 어머니 대표인 사지아 씨가 새벽부터 일어나 직접 만든 볼라니를 가져갔다. 한국 어머니들을 만난 그가 아프간인에 대한 우려를 이해한다고 말했다. 그들을 설득하고 싶어서, 느리지만 또렷한 한국어로 준비해 간 이야기를 시작했다. "이슬람은 여자와 남자가 동등하게 교육받고 일할 수 있다고 말해요. 하지만 탈레반은 여성들의 인권을 모조리 빼앗았어요. 우리는 탈레반이 아닙니다. 제 남편은 바그람 한국병원에서 일했어요. 한국 사람들과 오랫동안 일했어요. 저는 남편과 아이들 때문에 한국에 왔어요. 제 딸 파르니안은 한국 덕분에 학교에 계속 다닐 수 있어서 얼마나 기쁜지 몰라요."

이 자리에 함께한 호산나 씨 말로는 조심스러우면서도 꽤 화기애애한 분위기였다. "그때가 시작이었던 것 같아요. 어머니들이 조금씩 달라지고 있다는 걸 느꼈어요." 모두가 받아들인 건 아니지만, 직접 만나니 풀리는 오해도 있었다. 반대를 위한 반대를 하기보다는 서로 대안을 찾아보자는 데 뜻이 모였다.

거절할 수 없던
제안

김혜진, 이송희, 김다온의 이야기

2022년 6~10월
'함께 하다' 프로그램의 시작

김혜진 씨는 다문화센터에서 주관하는 '함께 하다' 프로그램을 통해 파힘 씨 가족을 만났다. 다문화센터에서 일하는 지인이 간곡하게 부탁해서 거절할 수가 없었다. 애써 홍보했는데도 신청자가 없어서 난처한 상황이라고 했다. 혜진 씨의 아이들에게 좋은 경험이 될 거라고도 했다. 그런데 7월 23일, 아프간 가족과 한국 가족이 처음 만나는 발대식

날짜가 다가올수록 혜진 씨는 걱정이 커졌다. '괜히 간다고 했나. 지금이라도 거절해야 하지 않을까?' 두 아이 손을 잡고 다문화센터로 가는 걸음이 무거웠다.

바그람 한국병원 의사였던 파힘 씨는 미라클 작전으로 한국에 온 아프간 특별기여자다. 웃을 때 잡히는 눈주름이 선해 보이는 인상이다. 두 나라 가족의 어른들 옆으로 열한 살, 일곱 살, 네 살 아이가 올망졸망 달라붙어 있었다. 나이대가 엇비슷한 아이들은 곧 어울리는 것 같았다. "아이들은 제가 생각한 것보다 훨씬 거리낌이 없더라고요. 그래서 더 다가갈 수 있었던 것 같아요." 말은 거의 통하지 않아 손짓발짓을 다 해야 했지만 '눈빛을 보면 알 수 있다'는 말을 혜진 씨는 이해할 것만 같았다. 특히 파힘 씨의 막내가 꽤 장난꾸러기였는데 혜진 씨 첫째 딸을 "나연, 나연!" 하고 부르며 졸졸 따라다니는 걸 보고 웃음이 나지 않을 수 없었다.

2022년 6월부터 10월까지 진행된 '함께 하다' 프로그램으로 한국과 아프간의 가정 각 열 팀이 짝을 이뤄 만났다. 가족 구성원을 다 더하면 100명에 가까운 인원이었다. 이 프로그램은 대개 지역사회의 자원봉사자에게 크게 기대는 사회복지 시스템 안에서 서비스를 '주는 자'와 '받는 자'의 격차가 커지는 데 문제의식이 깊던 이정숙 센터장이 제안했다. "이주민이 한국 생활에 적응하기만을 강요해서는 안돼요. 다문화는 공존의 개념이잖아요. 국제 결혼 가정에서도 남편이 처가의 문화를 익혀야 해요. 그런데 우리는 시작점이 그렇지 못했어요."

다문화센터는 함께 하다 프로그램에 참여한 한국인 가족에게 이슬람 문화에 대한 이해를 돕는 교육을 제공했다. 울산을 찾은 이수정 교수의 교육 덕분에 혜진 씨는 이슬람에 대한 오해를 많이 지울 수 있었다. "처음엔 시간마다 기도해야 한다거나 라마단 중 음식을 먹지 않는 문화 하나하나에 부정적이었던 것 같아요. 그런데 직접 보니 마냥 나쁘지만은 않더라고요. 사람마다 사정에 맞게 따르기도 하고요." 히잡을 쓰는 것도 성당에서 미사포를 쓰는 것과 비슷한 의미일 수 있겠다고 혜진 씨는 생각했다. 가장 새로운건 음식이었다. 파힘 씨 가족 덕분에 울산 동구의 파키스탄 식당 '샬리마'에서 처음으로 할랄 음식을 먹어 보았다. 그리고 파힘 씨 가족은 혜진 씨 가족과 함께 한국 미용실과 커피숍을 방문할 수 있었다.

모든 게 마음처럼 쉽지는 않았다. 한국인들은 '밥 한번 먹자'는 말을 안부처럼 쓰는데, 아프간 가족과 만나려 하니 제약이 너무 많았다. '돼지고기만 피하면 되겠지.' 하고 피자나 치킨을 시켰더니 파힘 씨네 아이들이 입에 대지도 않았다. 곁들여 나온 감자튀김과 빵만 조금씩 맛볼 뿐이었다. 동물성 지방이 들어간 버터도 주의 대상이다. 젤리나 컵라면은 또 어떤가. 말랑말랑한 식감을 만드는 젤라틴은 돼지 껍데기로 만들고, 컵라면에 넣는 조미료엔 고기가 들어간다. "할랄 음식으로 선택할 게 많지 않다 보니 불편하기는 했어요. 자주 만나고 싶어도 늘 망설이게 되더라고요." 혜진 씨의 말이다.

사실 학교에서도 음식이 가장 큰 문제였다. 서부초등학교의 경우 아프간에서 온 학생들에게 한국 음식을 제공하기로 하면서 점심시간의 아프간 특별반이 흡사 전쟁터 같았다. 낯선 음식에 손도 못 대는 학생들과 '한 입만 먹어 보자'고 설득하는 담당 교사들 사이에 실랑이가 벌어졌다. "아이들로서는 정체 모를 음식을 먹으라고 하니까 거부감이 들었을 거예요. 부모님이 옆에 있는 것도 아니니까요." 김호산나 통역사도 타지키스탄에서 급식 안 먹은 걸 생각하면 충분히 이해할 수 있었다. "이 하얀 덩어리는 뭐예요?" "두부야. 콩으로 만든 거야." "이게 콩이라고요?" 의심을 감추지 못하는 학생들에게 직접 두부 만드는 영상을 찾아 보여 주었다. "보이지? 밀가루랑 비슷하게 생겼어도 이게 두부가 돼." 그제야 한 숟가락 삼키기가 성사되었다.

이 무렵 이송희 씨는 고민이 깊어졌다. 아프간 난민을 환대하는 목소리를 낸 지역사회 활동가인 그는 다문화센터 한국어 멘토링 프로그램의 자원봉사자로 일을 막 시작한 참이었다. 아프간 어머니를 위한 방문 수업의 일환으로 진행한 프로그램이다. 송희 씨가 이 일을 통해 세 아이의 어머니인 나지라 씨를 만났는데, 송희 씨의 첫째 딸 다온이와 나지라 씨 첫째 딸 주할이 같은 고등학교에 다니는 동갑내기라 나지라 씨의 한국어가 서툴러도 바로 친해졌다. 하지만 나지라 씨 집에 방문하면 늘 뜻밖의 상황을 마주했다. 발코니에 쌀과 컵라면 상자가 잔뜩 쌓인 것만 해도 그렇다. 사회복지 단체에서 아프간 가족에게 기부한 것인데, 할랄 인증이 없거나 조리법이 달라서 처치 곤란한 상태가 되어버렸다. 주할이가 쌀을 가져가 달라고 부탁하는 통에 송희 씨는 난감했다.

더위가 기승을 부린 여름날 송희 씨가 히잡을 쓰고 있는 나지라 씨에게 '우리랑 있을 땐 벗어도 된다'고 말해 보았다. 여성 인권에 대한 문제의식이 큰 송희 씨는 못내 안타까웠지만, 나지라 씨는 늘 웃으며 괜찮다고 했다. 송희 씨는 히잡도 브랜드와 디자인이 다양하다는 걸 나지라 씨

덕분에 알았지만, 결국 여성에게만 강요되는 성차별적 문화라는 의심을 지울 수 없었다.

종교적 자유일까, 여성에 대한 탄압일까? 아랍어로 '가리다'를 뜻하는 '하자바'에서 유래한 히잡은 무슬림 여성들이 쓰는 두건의 일종이다. 이슬람 경전인 『쿠란』 중 '유혹하는 어떤 것도 보여서는 안 된다'는 구절을 후대 율법학자들이 해석해 놓은 결과다. 대부분의 이슬람 나라에서 히잡 착용을 자유의사에 맡기지만 이란과 사우디아라비아는 의무화하고 있다. 관습에 따라 히잡의 형태는 다양하다. 머리를 감싸며 어깨선까지 떨어지는 '알아미라', 스카프를 느슨하게 두른 듯한 '샤일라'처럼 비교적 자유로운 방식이 있는가 하면 얼굴만 드러내고 몸 전체를 덮는 '차도르'와 눈만 보이는 '니캅'도 있다. 눈 부위까지 망사로 가리고 전신을 덮는 '부르카'는 가장 폐쇄적인데, 탈레반 등장 이후 여성에게 강요되며 억압을 상징한다.

나지라 씨를 포함한 아프간 어머니와 딸 들은 주로 샤일라를 착용했다. 이수정 교수의 논문 「한국 사회의 무슬림 이주 동의와 수용」을 보면, 울산의 각 학교에서 히잡 착용을 반대하는 분위기가 있었다고 한다. 아프간 자녀들의 학교생활을 반대하는 측에서 우려한 문화 차이 중 하나가 히잡 착용이다. "반대하는 측에서는 여성 억압의 상징인 히잡을 학교에서 착용하는 데서 오는 심적 반감, 종교성을 드러내는 외적 복장을 학교에서 한다는 불편함 등을 이유로 히잡 착용에 불만을 제기하고 있는 상황이다. 실제로 특별기여자 정착을 반대하는 학부모와 진행한 인터뷰에서도 궁극적으로 무슬림 아이들이 히잡을 벗을 수 있도록 교육을 진행하여 유도해야 한다고 주장하는 경우도 있었다."[24]

서구에서도 히잡은 첨예한 정치적 갈등을 불러일으킨다. 종교와 정치를 분리하는 세속주의를 원칙으로 세운 프랑스는 공공장소에서 부르카와 니캅을 쓰는 등 특정 종교를 드러내는 행위를 2011년부터 법으로 금지하고 있다. 최근 벨기에는 직장에서 히잡을, 오스트리아와 덴마크는 공공장소에서 부르카 착용을 금지해 논란이 되었다. 또 네덜란드에서는 학교나 병원 등에서 얼굴 전체를 가리는 옷을 입으면 안 된다. 종교적 색채가 강하고 여성에게만 요구된다는 점 때문이다.

히잡이 무슬림 여성에게 어떤 의미인지는 논쟁적인 주제로 남아 있다. 무슬림 여성 사이에서도 의견이 분분하다. 문화적 정체성이자 자신을 표현하는 패션의 일부로 보는가 하면, 이란에서처럼 '탈히잡 시위'로 이슬람 사회에 만연한 성차별에 항의하기도 한다. 구기연 서울대학교 아시아연구소 연구교수의 「이란 히잡 관행의 역사적 의미 변화와 수행성 연구」(2020)는 이슬람과 무슬림이 하나의 개념으로 일반화되는 것만큼이나 히잡의 의미가 타문화의 시선에서 단순하게 이해되어 왔다고 지적한다. "히잡은 획일적으로 여성 개인들에게 그 의미가 부여되는 것이 아니라, 개인들의 취향과 사회적·경제적 지위에 따라 다양하게 내면화되고 또다시 사회적 의미로 표출되고 있음을 보여 준다." 2022년에 시작된 이란 반정부 시위에서 여성들이 히잡 금지화도 의무화도 아닌 '스스로 선택할 자유'를 외쳤다는 점이 의미심장하다.[25]

송희 씨가 문화적 차이 앞에서 주춤하는 사이 그의 딸 다온이는 전에 없던 세계를 열어젖히고 있었다. "완전 인기스타라니까요. 급식 시간에 잠깐 마주쳤는데 사람들로 둘러싸여서 제대로 인사도 못 나눴어요." 학교에서 일어난 일을 조잘조잘 알려 주는 큰딸 덕분에 송희 씨가 다온이와 주할의 학교생활을 짐작할 수 있었다. 다온이가 다니는 고등학교선 아프간 학생들도 급식을 먹는데, 대부분 고기가 들어가는 음식이라 때로는 맨밥에 김치만 먹기도 했다. "오지랖이 넓은" 다온이가 학생회에 채식을 늘려 달라고 건의

해 보기도 했지만 변화는 없었다. 아프간 학생이 배정된 학교마다 할랄 음식 제공을 두고 논의했으나, 대체로 학생 수가 적은 탓에 따로 할랄 급식을 제공하기는 어렵다고 결론이 났다.

다온이가 집에 있는 맛김을 챙겨 주할에게 가져다주기 시작한 것이 그즈음이다. 맨밥만 먹는 주할이 안타까웠다. 주할이 감동한 눈치였지만 그 자리에서 바로 먹지는 않았다. "처음 봤는지, 집에서 동생이랑 같이 먹고 싶다고 하더라고요. 궁금해서 물어봤더니 맛있었대요." 나중에 이정숙 다문화센터장에게 들은 사실이지만, 아마도 김이 아프간 입맛에 맞지 않았을 텐데 호의를 거절하지 못했을지도 모른다. 방탄소년단(BTS)을 좋아하는 주할이 BTS 목도리를 다온이에게 선물했을 때도 그랬다. 다온이는 K팝 아이돌에 관심이 별로 없었다. 그럼 뭐 어떤가? 김과 BTS 덕분에 다온이는 주할네 반을, 주할은 다온네 반을 자주 찾아갔으니 말이다.

아프간 여학생은 '여성스러운' 활동만 할 줄 알았던 다온이에게는 주할이 체육 수행평가 타격 시험에서 1등을 했다는 사실이 "대박 반전"이었다. 예상외로 주할은 축구와 야구에도 일가견이 있었다. 한번은 주할이 아프간에서 살던 집 사진을 보여 주었는데, 대궐처럼 으리으리해서 놀랐다. 부모님 결혼사진에는 금 장식이 붙어 있었다. 난민은 가난할 거라는 예상이 편견이었다. 주할은 예전과 많은 것이 달라져서 힘들어하고 있었다. 아프간에 계속 살았다면 자연스럽게 꿈꾸고 이루었을 일을 한국에선 처음부터 새로 해야 하는 상황이다. 다온이는 그런 주할에게 힘이 되고 싶었다. "시간이 지나면 네가 생각하는 대로 될 거야." 주할은 이렇게 말해 주는 다온이에게 진심으로 고마워했다.

서슴없이 친해진 아이들을 보며, 송희 씨는 논쟁을 한 걸음 물러서서 바라보기로 했다. 안타까워하는 시선도, 그저 도와주고 싶은 마음도 잠시 접어 두었다. 이게 맞으니 이렇게 하라고 강요할 문제가 아니었다. 당장의 문제는 나지라 씨 집에서 받아온 쌀을 어떻게 하는가였다. 한참 고민하다가 방앗간에 맡겨 가래떡을 뽑아야겠다고 생각했다. 나지라 씨 아이들이 떡볶이를 곧잘 먹는 걸 봤기 때문이다. 김이 모락모락 나는 뽀얀 가래떡을 상자에 담아 가니 주할이 어떻게 된 거냐며 신기해했다. "한국에서는 가래떡에 꿀이나 설탕을 찍어 먹잖아요. 주할은 고춧가루를 찍어 먹더라고요. 꽤 묘한데, 매콤하고 맛있었어요." 그날 가래떡을 나눠 먹고 온 다온이에게도 잊을 수 없는 맛이었다.

아프간 아이들의
학교생활

이현주 한국어 강사,
사힐, 마리암, 무라사의 이야기

2022년 9~12월

울산 동구 한 중학교의 쉬는 시간. 중 1인 무라사가 자리에서 일어나더니 칠판에 구구단을 1단에서 9단까지 단숨에 써 내려갔다. 같은 반인 마리암과 사힐은 숨죽이며 이 모습을 지켜보고 있었다. 판서를 마친 무라사가 의기양양하게 선생님을 바라보았다. 한국어에 서투르지, 수학을 모르지는 않는다는 걸 증명한 듯. 한국어 강사인 이현주 씨는 칠판을 보고 당황할 수밖에 없었다. 난생처음 보는 숫자였기 때문이다. 1, 2, 3……. 우리가 쓰는 아라비아숫자는 원래 인도숫자인데 아라비아인을 통해 세상에 널리 알려졌다. 아랍 숫자는 따로 있으며 아프간에서 이것을 쓴다. 아프간 학생 세 명이 한국 학생들에 비해 학업 성취도가 떨어진다는 평가를 받아, 한국 문화 적응반에서 초등학교 4학년 수학을 가르치는 중이었다. 당황하는 선생님의 표정을 보고 무라사가 항변하듯 말했다. "다리어로는 다 할 수 있어요. 한국어라 오래 걸리는 거예요!"

현주 씨는 1년 차 다문화 언어 강사다. 2020년에 한국어 교원자격증을 따 두고 쓸 생각은 못했는데, 마침 아프간 특별기여자들이 울산에 정착하면서 교육청이 한국어 강사를 많이 모집한다는 소식을 들었다. 반발 여론을 아는 지인들이 괜찮겠느냐며 염려했지만 현주 씨는 사실 아이들이 궁금했다. 20년 가까이 영어 과외 교사로 일하면서 가르치는 일에 대한 열정이 바닥난 줄 알았는데, 그런 동력이 다시금 생긴다는 게 스스로도 신기했다. 어릴 때 울산만의 서쪽에 있는 장생포에 살면서 외국인 선원들이 자주 드나드는 동네 모습이 익숙해서인지, 아니면 아주 오래전 여행사에서 일한 경험 덕분인지 모르겠지만 현주 씨는 새 이웃을 받아들이는 데 거리낌이 없는 편이었다. '계약직 일자리이긴 해도 그만큼 배우는 게 있지 않을까.' 교육청 소속 다문화교육지원센터 인력풀에 등록하고 보니 벌써 울산 지역 14개교에서 한국어 교사를 찾고 있었다.

'찾아가는 한국어 교실'은 아프간 학생들이 오기 전부터 있던 제도다. 공교육을 받는 다문화 가정 학생 수가 해마다 증가해, 제2언어로서 한국어 교육을 지원하는 정책의 일환이다. 원래 외국인 학생이 전학 온 학교에 한국어 교원이 시간강사처럼 파견되기 마련인데, 갑자기 많은 수의 아프간 학생이 와서 교육 현장이 다급해진 것이다. 아프간 학생들이 입학할 중·고등학교 열네 곳에 여건 개선 교사와 한국어 교사가 한 명씩 배치되었다. 여건 개선 교사는 매주 10시간 정도 한국 문화를 지도하거나 일반 교과의 보충수업을 맡았고, 한국어 교사가 매주 14시간 한국어 수업을 진행했다. 사실상 담임과 부담임 역할이라서 현주 씨는 한국어 수업뿐만 아니라 아이들의 한국 생활 전반의 적응 교육을 도맡게 되었다.

무라사, 사힐, 마리암과 처음 만난 날을 현주 씨는 또렷이 기억한다. '사슴 같은 눈망울이란 말을 이럴 때 쓰는구나.' 하고 깨달았다. 서부초등학교는 반발이 컸지만, 아프간 학생이 두서너 명씩 배정된 중·고등학교의 분위기는 조금 달랐다. 입학일인 3월 21일에 마리암의 아버지뿐만 아니라 현대중공업 협력 업체 사장님까지 교실에 찾아와서 아이들을 잘 봐 달라고 부탁했다. 현주 씨는 이날 "우리만의 작은 입학식"이라는 이름을 붙였다. 마리암의 아버지는 두 손을 정중하게 모으고 세 아이에게 당부했다. "너희들, 말썽 피우지 말고 선생님 말씀 잘 들어라." 중 1 동갑으로 한 반에 앉은 무라사와 마리암, 사힐이 고개를 끄덕였다. 여학생인 무라사는 꼼꼼하며 치밀한 구석이 있고, 사힐은 전형적인 사춘기 남학생 같았다. 맏딸인 마리암은 책임감이 강해 보였다.

그런데 1학기엔 적응하느라 미처 몰랐던 문제들이 2학기가 되자 슬금슬금 고개를 들기 시작했다. '수학이 이렇게나 골칫거리가 될 줄이야.' 현주 씨가 생각했다. 1교시부터 4교시까지 한국 문화 적응반에 있다가 오후에 원적반으로 돌아가서 한국 학생들과 수업하기가 아프간 학생들로서는 여간 벅찬 일이 아니었을 것이다. 한국어에 능숙하지 않은 탓도 있지만, 교과과정이 전혀 달랐기 때문이다. 초등학교 4학년 수학 교과서를 앞에 두고 남몰래 좌절감이 쌓여가던 무라사가 결국 '구구단'으로 항의 아닌 항의를 한 셈이다. 숫자 표기는 물론이고 간단한 문제 풀이 방법까지 달라서 현주 씨도 설명하느라 애를 먹었다. 사힐도 어느 날 푸념하듯 말했다. "아프간에서는 계속 1등 했어요. 한국에 와서 바보가 된 것 같아요."

탈레반이 아프간을 장악하지 않았다면 사힐과 마리암, 무라사가 그들의 부모님처럼 의사나 약사, 통역사를 꿈꾸었을 것이다. 세 아이 모두 명석한 데다 아프간에서 과외지도를 받을 만큼 성취욕도 컸다. 그런데 계획에 없던 이주를 하면서 꿈이 한순간에 멀어졌다. 그간 배워 온 방식이 '쓸모없어졌다'는 생각에 아이들의 상실감이 말도 못 하게 컸을 것이다. 한국에 왔으면 한국 법을 따라야 한다지만, 현주 씨는 이 말이 속 편한 소리처럼 들렸다.

아프간 학생들은 분명 여느 중학생과 달랐다. 어떤 날은 아픈 동생의 병원 입퇴원 수속 때문에 조퇴하고, 어떤 날은 온라인으로 식료품 사는 법을 알려 달라고 했다. 행정복지센터에 가서 서류 떼는 걸 도와준 적도 있다. 미성년자가 할 수 없는 일들이지만, 한국어가 부족한 부모님 대신 해야 하는 상황이 자꾸만 생겼다. 공부하기 싫어하고 연예인이나 축구에 열광할 때 영락없는 중학생이다가도 '어린 가장'이 되는 순간이 툭 나오곤 했다. 이주가 아이들을 일찍 철들게 한다.

　학교 공사 때문에 한국 문화 적응반이 모듈러 교실로 옮겨 가던 날이다. 현주 씨가 사물함에 쌓인 책을 한꺼번에 옮길 수 없어서 쩔쩔맬 때, 무라사가 자기 도시락 보자기를 꺼내더니 책 수십 권을 꽁꽁 싸매기 시작했다. 보자기 귀퉁이를 몇 번 질끈 묶으니 바구니처럼 견고하고 안정적이었다. 센스 있다는 현주 씨의 칭찬에 무라사가 말했다. "아프간에서 떠나올 때도 이렇게 짐을 쌌어요." 울산에 올 때 5톤 화물차 석 대에 157명의 짐을 다 실었다는 사실을 현주 씨는 나중에야 알았다. 아프간에서 인천으로, 진천에서 여수로, 다시 울산으로 이주해 온 아프간 가족의 1년이 어땠을지 상상해 보게 되었다. 수업 중 창밖에서 나는 비행기 소리에 흠칫 놀라는 사힐을 보면서도 그랬다. "전쟁 나는 거 아니야. 그냥 비행기 지나가는 소리니까 안심해도 돼."

　안쓰러움과 기특한 마음이 교차하던 그 시간들이 한편으로는 현주 씨에게 위로가 되었다. 그는 대학생, 고등학생이 된 삼 남매의 어머니이기도 하다. "사힐, 무라사, 마리암을 만난 덕분에 우리 애들 키울 때 생각도 많이 났어요." 사실 현주 씨 가족에게도 어려운 시기가 있었다. 코로나19를 겪으며 가계 상황이 급격히 나빠졌기 때문이다. 남편이 경영하는 가게도, 현주 씨의 과외 교실도 운영이 어려워져 수입이 끊겼다. 삼 남매의 미래를 위해 복지 제도를 찾아보던 현주 씨는 2021년 차상위 계층 신청을 했다. 차상위 계층으로 등록된 후 방과후 수강비, 문화누리카드 등을 지원받았다. 버겁게 느껴지던 가족의 삶에도 숨 쉴 틈이 조금이나마 생겼다.

현주 씨는 아프간 학생들에게 '좀 더 나은 삶이 충분히 가능하다'는 희망을 불어넣어 주고 싶었다. 가끔 수업이 안 될 때마다 비장의 무기처럼 유튜브를 켰다. 아르헨티나 출신으로 최초의 외국인 열차 기관사가 된 알비올 안드레스, 나이지리아계 한국인 모델 한현민, 콩고 난민 출신 유튜버 조나단, 영화 〈울지마 톤즈〉로 널리 알려진 고 이태석 신부의 의사 제자 토마스 타반 아콧 등 한국에 온 계기는 저마다 달라도 멋지게 적응한 '선배'들이 있기 때문이다. 현주 씨는 내심 학생들이 한국어 공부를 열심히 하는 동기가 되기를 바랐는데 다행히도 무라사가 반응했다. "선생님, 그동안 저희한테 보여 준 외국인 영상 어떻게 하면 다시 볼 수 있어요?" 의사가 되고 싶은 무라사에게 장학금을 받고 대학에 들어간 누군가의 선례가 깊은 인상을 남긴 듯했다.

학교에서 한국 문화 적응반을 곱지 않게 보는 이가 있

었다. 아프간 학생을 '밀착 케어' 하다시피 지원하는 건 특혜가 아니냐고 했다. 그 예산을 한국 학생들에게 써야 한다는 의견도 있었다. 한 동료 교사는 무슬림 학생들의 기도를 위해 시간과 장소를 따로 마련하는 문제를 두고 일반적인 다문화 학생과 다르게 왜 그리 별나게 대하냐고 묻기도 했다. 그럴 때마다 현주 씨는 웃어 넘겼는데 그러지 못한 날도 있다. "국어면 국어지, 한국어는 또 뭐예요? 왜 외국인들 의무교육을 한국 사람 세금으로 해 줘야 합니까?" 그가 출강하는 또 다른 학교에 한국어 강사 근로계약서를 쓰러 갔다가 들은 말이다. 당황했지만 또박또박 설명했다. "저는 제2외국어로서 한국어를 중도 입국 학생에게 가르치고요, 국어 선생님은 모국어로서 국어를 가르칩니다."

현주 씨가 느끼기에 '역차별'은 없었다. 차상위 계층에게 주어지는 혜택과 아프간 학생들에게 제공되는 것들이 크게 다르지 않았기 때문이다. "그래서 말했어요. 우리 아이들도 똑같이 지원 받고 있다고, 특혜는 아니라고요." 사람들이 조금 놀라는 표정이었다.

그날 그 이야기를 꺼내야겠다고 생각한 이유가 있었다. 복지 제도 안으로 들어온 후 '우리보다 더 힘든 누군가의 기회를 빼앗는 게 아닐까' 하는 미안함이 늘 있었다. 한편

으론 자녀들이 자존심 상하는 일을 겪진 않을까 걱정되었다. 그런 현주 씨에게 어느 날 맏딸이 대수롭지 않다는 듯 말했다. "이거 다 빚이야. 나중에 어른 돼서 갚아야 해. 세상에 공짜는 없어." 그 말을 듣고 현주 씨는 복지 제도를 다르게 바라볼 수 있었다. 딸의 말마따나 '돌고 도는 것'이다. "아프간 아이들에 대한 지원도 비슷한 맥락 같아요. 우리 세금을 낭비하는 것 같지만 달리 보면 미래에 대한 투자거든요. 그 아이들이 자라나서 세금을 낼 거고, 어쩌면 제 연금도 내주지 않을까요?" 그런 관점으로 동료를 한 명이라도 설득하고 싶었다.

울산 인근 소도시들은 이미 빠르게 다문화 사회로 진입하고 있었다. 가끔 현주 씨 자신이 '유일한 한국인'이라는 느낌이 들 정도다. 아프간 학생들이 적응을 잘해야 한국 사회에도 도움이 된다는 생각으로 한 해 동안 최선을 다했던 이유다. "이주 배경 학생들이 성장하면 다른 나라로 진출한 한국 회사에 꼭 필요한 인재가 될 거예요. 그 나라 문화를 잘 아는 데다 한국어를 잘하니까요. 아프간 학생들도 나중에 모국과 한국을 잇는 데 한몫 톡톡히 하지 않을까요?" 이들 가운데 알비올 안드레스, 한현민, 조나단, 토마스 타반 아콧의 뒤를 잇는 주인공이 나오지 말란 법은 없다고 현주 씨는 믿는다.

그렇게 되기 위해선 먼저 바뀌어야 하는 것들이 있다. 한국 정부의 다문화 정책은 이주민보다 선주민을 우선시한 동화정책이라는 비판이 꾸준히 제기된다. '우리와 다른 민족·문화적 배경을 가진 사람들로 구성된 가정'이란 뜻의 '다문화 가정' 대신 '이주 배경 가정'이라는 국제 통용어를 써야 한다는 제안도 그중 하나다.[26] '다문화'라는 말은 국내 출생, 중도 입국, 외국인 학생 등 다양한 이주 배경을 포괄하지 못할뿐더러 이주민에 대한 차별적 낙인으로 여겨진다. "그게 배려라는데, 학교에서는 한순간에 배제가 돼 버려요. 아이들은 다문화 출신이라는 걸 드러내고 싶지 않아 하거든요." 현주 씨는 '우리'나 '다름'만 강조하는 다문화 교육이 공동체에 어떤 도움이 되는지를 묻는다.

2022년 12월 한국어 수업이 끝나던 날 다 함께 소풍을 갔다. "우리 내일은 캠핑하니까 따뜻하게 입고 와." 무라사와 사힐, 마리암만이 아니라 인근 고등학교의 아프간 학생, 베트남 학생도 함께했다. 12인용 텐트 안에서 모닥불에 고구마를 구워 먹다 보니 추억이 새록새록 떠올랐다. 1년 동안 가장 재밌던 게 뭐냐는 현주 씨의 질문에 이야기꽃이 핀다. 젓가락질을 배우려고 한 종이 옮기기 게임, 체육대회

축구 경기에 나간 사힐이 첫 골을 넣은 것, 다 함께 간 경주 소풍⋯⋯. 이야기를 하던 사힐의 눈에 눈물이 맺히기 시작하는 바람에 현주 씨도 울컥했다. 세 아이 덕분에 교육이 인간 대 인간의 만남이라는 말을 실감한다. "아프간 사람이라기보다는 그냥 질풍노도 시기의 학생이죠."

현주 씨의 1년이 이렇게 저물고 있었다.

1년 사이
한국어가 늘었다

노옥희 교육감, 아미나, 와리스,
자말과 사지아 부부의 이야기

2022년 12월~2023년 1월

아미나가 수업에 잘 집중하지 못했다. 한국어를 배워야 한다는 걸 알지만 집에서든 학교에서든 하고 싶은 마음이 좀처럼 생기지 않는다. 가끔 아프간에 있는 어머니와 통화하는 시간만 기다렸다. 하지만 최근엔 그런 시간마저 없었다. 집에선 휴대전화로 인스타그램을 보거나 유튜브에서 〈두 명의 파르시(Doble farsi)〉라는 튀르키예 드라마를 이어서 본다. 페르시아어 자막이 나오니까 몰입이 쉽다. 아미나가 학교 수업에 잘 집중하지 못한다고 담임선생님이 걱정했지만, 아버지는 아이들이 당장 학교에 갈 수 있다는 사실만으로도 고마웠다. 해외로 갈 수 있는 여권이 수중에 없고 탈레반 군인들이 점령한 고향의 상황은 그대로다.

아미나에게 학교는 온갖 어려운 것투성이다. 수학도, 한국어도 그렇다. 한국 친구들과는 조금 어색하다. 음악 시간에는 그나마 집중할 수 있다. 12월 내내 노래 연습으로 여념이 없었는데, 곧 있을 서부초등학교 졸업식에서 〈졸업 그리고 시작〉이라는 노래를 합창하기로 했기 때문이다. 많은 관객 앞에서 하는 공연은 처음이다. 혹시 노랫말을 까먹을까 봐 달달 외우듯 읊조렸다. "설레임 가득 안고 시작한 학교생활 / 희망 우정 고민 소중했던 시간 / 어려움 있었지만 하나씩 배워 가며 / 친구들 선생님과 작은 세상을 배웠네." 처음 울산에 왔을 때보다 한국어가 많이 늘었다.

1월 5일, 서부초등학교 강당에 취재진이 몰렸다. 아프간에서 온 초등학생 28명 가운데 6학년 세 명이 졸업을 앞두고 있어서 언론의 관심이 컸다. 사미르(가명)가 졸업장을 받으러 단상에 오를 땐 환호성이 터졌다. 남다른 한국어 실력으로 제10회 전국이중언어말하기대회에서 초등부 은상을 받았다는 것이 알려졌기 때문이다. 대회에서 사미르가 이렇게 말했다. "한국에서 모두가 안전하게 살 수 있게 도와주는 아프가니스탄 넘버원 경찰이 되고 싶습니다. 이제는 아프가니스탄에서 들었던 쿵쾅쿵쾅거리는 무서운 소리는 들리지 않습니다. 학교에서는 한국어를, 집에서는 다리어를 매일 열심히 공부하고 있습니다. 앞으로 열심히 공부해서 무궁화가 그려진 경찰 옷 입고 여러분을 도와드리겠습니다."

사미르가 무대에서 우렁찬 모습과 다르게 실제로는 수줍음이 많은 편이라 학교에서 '부끄러움상'을 받았다. 김호산나 통역사는 이 간극이 무척이나 신기했다. 사실 지난 한 해를 돌이켜 보면 아쉬움뿐이다. "소리 지르면 안 돼." "싸우면 안 돼." "사고 치지 마." 다리어로 이런 말을 가장 많이 한 것 같아서다. 아이들이 밖에서 안 좋은 일이라도 당할까 봐 제지만 한 것 같아 마음 한편이 무거웠다. 그래서 사미르를 앉혀 두고 한국 친구에게 말 거는 법을 알려 주었다. "자, 따라 해 봐. '나 너랑 친해지고 싶어.'" 이 마법 같은 말 덕분인지, 수줍음 많던 사미르가 같은 반 친구들 사이로 자연스럽게 스며들었다.

노옥희 교육감은 졸업식에 참석하지 못했다. 2022년

12월 8일, 갑작스럽게 세상을 떠났기 때문이다. 울산시 교육감 재선에 성공한 지 반년이 된 시점이다. 한 식당에서 모임 중에 심장마비 증세로 쓰러지고 급히 병원으로 옮겨졌으나 그날 오후 사망 판정을 받았다. 교육청은 물론이고 아프간 특별기여자 정착 지원에 관여한 사람들이 모두 충격에 빠졌다. 무슬림 난민에 대한 반발이 심각한 사회적 갈등으로 번지지 않은 배경에 그의 존재감이 컸기 때문이다.

자말 씨는 노 교육감의 부고를 받자마자 아프간 사람들과 서둘러 빈소를 찾았다. 그 전 5월, 선거운동으로 현대중공업에 방문한 노 교육감을 만났다. 아이들의 첫 등교일 이후 두 번째 만남이었다. "사람들이 정말 많았는데, 저를 보자마자 아프간 사람이라는 걸 아셨어요. 저한테 잘 지냈냐고 물어보셨거든요."

사지아 씨는 아이들 담임선생님에게 노 교육감 소식을 듣고 그 자리서 왈칵 눈물을 쏟았다. "교육감님은 좋은 사람이었어요. 아프간 사람들을 위해 누구보다 노력해 주신 걸 알아요." 아미나도 노 교육감의 손을 잡고 등교하던 날을 떠올리며 마음 깊이 추모했다. "학교 잘 갔다 와요, 공부 열심히 해요. 그렇게 말했어요. 교육감님이 돌아가셔서 많이 슬펐어요." 아프간 가족 모두가 슬픔에 잠겼다.

그래도 노 교육감이 떠난 자리 곳곳에 그의 '유산'이 있다. 아프간 아이들의 한국어 실력이 그중 하나다. 이들에게 한국어를 집중적으로 가르친 한국 문화 적응반이 울산시교육청 주도로 만들어졌기 때문이다. 원래 다문화 가정 학생들에게 제공되는 한국어 수업은 교육청 산하 다문화교육지원센터가 주관하는 '찾아가는 한국어 교실'로, 일주일에 두 번 정도 열리는 데 그쳤다. 2022년 3월, 아프간 학생들이 다니는 학교마다 한국어 교사와 여건 개선 교사가 배치된 것은 이례적이었다. "저는 그게 아주 큰 도움이 됐다고 봐요. 학교에서 매일 수업하는 것과 일주일에 두 번 따로 수업하는 것의 차이가 얼마나 크겠어요." 이정숙 다문화센터장은 노 교육감의 결단이 없었다면 불가능했을 일이라고 생각했다.

아프간 학생들의 빠른 적응은 1년간 동고동락한 이들이 누구보다 단언할 수 있는 사실이다. "예전에 통역사가 저 하나였다면, 이제는 각 가정마다 통역사가 있는 거예요." 김재현 통역사의 말이다. 서부초등학교 졸업식에서 한국 학생과 아프간 학생이 헤어지기 싫다며 아쉬워하는 걸 보고는 '이제 됐다' 싶었다. 8개월 전을 떠올리면 엄청난 변화다. "한국 사람이나 아프간 사람이나 고구마 같아요. 겉보기에는 딱딱한데, 열을 받으면 부드러워져요. 학교 가기 전엔 모두가 안 익힌 고구마처럼 딱딱했거든요. 1년이 지나면서 서로 부드러워졌어요." 김 통역사가 말했다.

날카롭고 서먹하던 감정도 다 지난 일이다. 고등학교 1학년이 되는 와리스는 일곱 식구 살림에 보탬이 되려고 1월부터 식당에서 서빙 아르바이트를 했다. 알바 앱으로 일자리를 찾았는데, 외국인을 안 받는다는 사장님에게 '잘할 수 있다'며 어필했다고 한다. 또 한국에 온 뒤 아프간의 상황을 지켜보던 와리스가 도움이 필요한 사람들을 돕고 싶다는 꿈을 갖게 되었다. 특유의 자신감 넘치는 성향 덕분인지 한국인 친구들과도 쉽게 어울려 놀았다. 가까운 운동장에 축구나 농구를 하러 가면 같이 뛸 동네 친구들이 있었다. "한국어를 모르면 친구가 많이 생기지 않기 때문에 웃으면서 즐겁게 지내려고 해요. 한국 문화를 점점 더 많이 알게 돼 좋아요." 와리스의 방 곳곳에 100점짜리 받아쓰기 답안지와 한국어가 쓰인 메모지가 붙어 있다. 아직까지는 서늘하다, 선선하다, 쌀쌀하다를 구별하기가 쉽지 않다.

타지키스탄과 한국, 두 문화권에서 살아온 김호산나 통역사에게는 지난 1년이 정신없으면서도 위로가 되는 시간이었다. 어느 곳에서도 소속감이 느껴지지 않았는데, 울산에서 두 문화권을 아는 또래를 만나다 보니 그간의 소외감을 모두 보상받는 느낌이 들었기 때문이다. 진천부터 울산까지 아프간 가족을 도우려고 함께했지만 정작 도움받은 쪽은 자신이라고 어느 순간 깨달았다. 12월 17일, 평소 친하게 지낸 조흐라와 미용실에 다녀온 날이 기억에 남았다. 숱 많은 조흐라의 머리를 다듬는 동안 아무 말도 하지 않던 미용사가 끝에 한마디 했다. "알라딘 공주 같네." 이 말이 좋았던지 조흐라가 미용실에서 겪은 일을 계속 이야기하고 다녔다. 유행하는 스타일로 앞머리를 자른 조흐라를 보면서 호산나 씨는 "완전 한국인 다 됐네." 하고 웃었다.

사지아와 자말 부부의 큰아들 알리는 대학에 합격했다. 울산과학대학교 글로벌비즈니스학과다. 외국인 특별전형으로 아프간에서 온 고 3 학생 일곱 명이 합격했다. 알리가 이렇게 말했다. "아프간에서 치의학을 공부하고 싶었는데 한국에 오느라 공부를 잠시 멈춰야 했어요. (전공은 다르지만) 이제 소원대로 대학을 다닐 수 있어 정말 기뻐요." 합격자 중 한 명은 아버지를 따라 현대중공업에 취업했고, 나머지는 입학을 결정했다. 아프간 가정 자녀들의 사연을 알고 있는 울산과학대는 첫 학기 등록금을 일부 지원하고, 이들이 수강하는 과목에 한국어 수업을 더해 진행할 예정이다. 당장 마련해야 하는 학비가 부담스럽긴 해도 아들이 공부를 이어 갈 수 있다는 사실이 사지아 씨는 감격스러웠다.

연말에 좋은 소식이 겹쳤다. 자말 씨가 회사에서 "긍정적인 마인드로 안전 작업에 최선을 다하며 어려운 환경 속에서도 배움의 노력을 다해 회사의 발전에 이바지했다"고 공로상을 받은 것이다. 사장님이 그에게 말했다. "자말, 베리 굿!" 사지아 씨가 흡족한 얼굴로 아들의 졸업장과 남편의 상장을 각각 액자에 넣어 거실 책장에 올려 두었다. 그 옆으로 다섯 식구의 가족사진이 나란히 걸려 있다. 5월 5일에 어린이날을 기념해 현대중공업이 아프간 가족들의 사진을 찍어 주었다. '함께 하다' 프로그램으로 만난 이윤정 씨 가족과 찍은 사진도 한편에 보인다. 아프간에서 모조리 태워 버린 가족사진 대신 새로운 추억이 앨범에 하나둘 채워지고 있다.

3부

1년 후

울산이 겪은 미래

이정숙 다문화센터장의 이야기

2023년 2월

'진로'라는 단어를 스크린에 띄워 두고 이민지(가명) 교사가 말했다. "지난 주에 진로에 대해서 배웠는데, 어떤 뜻인지 기억나요?" 턱을 괴고 있던 주할이 답했다. "직업요!" 맞은 편에 있던 아이샤도 손을 들었다. "앞으로 내가 어떻게 할 지 말하는 거예요." 민지 씨가 꽤 만족하는 표정으로 이름 표를 바라보았다. "잘 아네, 우리 정국이." 저마다 가슴에 단

이름표에 정국, 태형 등 BTS 멤버 이름이 적혀 있다. 조용하던 교실 분위기가 순식간에 시끌벅적해진다. 10대 여학생 몇몇이 '아미' 단톡방을 만들어 종일 수다를 떨고 있었다. 수업 전 교실에 흐르던 BTS 노래도 아마 그중 한 명이 틀었으리라 짐작했다.

2023년 2월 15일, 다문화센터에서 아프간 여고생 집단 상담 교실이 열렸다. BTS 이야기로 들뜬 분위기를 잠재우려는 듯 민지 씨가 차분히 말을 이어 갔다. "내가 앞으로 어떤 걸 하고 싶고, 어떤 걸 좋아하는지 아는 걸 조금 어려운 말로 진로 정체감이라고 해요. 각자 본인이 생각하기에 자신의 강점이 뭔지 네 개만 써 볼까요?" 주할과 아이샤는 한참 고민하다 뭔가를 써 내려갔다.

여고생 집단 상담은 봄방학이 시작되면서 이정숙 다문화센터장이 급히 만든 프로그램이다. 여고생의 약혼 얘기가 오가는 집이 있다는 걸 알았기 때문이다. "정말 네가 원하는 거야?" 하고 물어도 좀처럼 얘기가 나오지 않았다. 25년 차 사회복지사도 질문 몇 가지로 자세한 내막을 알기는 어렵다. 다른 여학생들도 대학 진학을 원하지 않는다면 그 이유를 알아야 했다. 당장 돈을 벌어야 하는지, 집에서 딸은 교육하지 않으려고 하는지 또는 대학 등록금이 큰 부담인지 구체적 상황을 알아야 지원할 방법을 찾을 수 있다. 아프간 여학생들과 상담할 때마다 정숙 씨가 이렇게 말했다. "한국에서는 결혼이 선택의 문제야. 종교의 자유처럼, 네가 원하는 대로 선택할 수 있어." 눈에 당장 보이지는 않아도 앞으로 갈등이 될 만한 문제를 예방하는 게 그의 일이다.

지난 1년은 적응에 얼마나 품이 많이 드는지 알게 된 시간이다. 돈과 시간과 노동이 적잖이 투입되는데 티는 안 난다. 그렇다고 지원을 게을리하면 예기치 못한 사건, 사고가 터질지도 모른다. 그래서 늘 조마조마한 심정이었다. 무슬림 난민 가족들이 한국 사회에 잘 적응하도록 돕는다는 사업 목적부터 전무후무한 데다 사회복지사 한두 명이 감당하기에는 버거운 일이었다.

지금 다문화센터에는 그 나름의 자신감이 쌓였다. 남모를 시행착오 끝에 뜻깊은 순간을 많이 만났기 때문이다. 특히 최근 김지수 사회복지사는 가정방문을 하다 하루하루 조금씩 달라지고 있음을 실감한다. 아프간 아이가 편지를 써 와서 한국어 맞춤법에 맞는지 물어보던 순간도 그랬다. 편지에 꾹꾹 눌러 담은 많은 말들 가운데 "이 아름다운 공간을 저희에게 주셔서 감사합니다"라는 문장이 유독 눈에 들어왔다. "늘 괜찮다고 하면서도 반대 여론을 몸으로 느꼈을 텐데 이렇게 잘 적응했다니, 싶었어요." 그가 '함께 하다' 프로그램으로 연결해 준 가족들도 만남을 이어 가고 있다.

경제협력개발기구(OECD)는 이주 배경 인구가 전체 인구의 5퍼센트를 넘으면 '다문화·다인종 국가'로 분류한다. 이 기준에 따르면, 한국이 다문화 국가가 되는 시기가 멀지 않다. 법무부의 「출입국·외국인정책 통계월보」 2023년 9월호에 따르면, 현재 한국의 장·단기 체류 외국인(등록, 미등록 포함)은 251만 4000명으로 전체 인구의 4.89퍼센트를 차지한다. 다문화 국가에 바짝 다가선 셈이다.

지역 소멸과 인구 감소, 고령화, 제조업과 농업의 인력난 등 외국인을 받아야 하는 경제적 이유가 늘면서 이 추세는 더 빨라지고 있다. 통계청의 '내·외국인 인구 전망: 2020~2040년'에 따르면, 2020년에 218만 명이던 이주 배경 인구가 2040년에 323만 명으로 100만 명 이상 증가할 것이다.[27] 총 생산연령인구 중 이주 배경 인구가 차지하는 비율도 2020년 4.7퍼센트에서 2040년 8.6퍼센트까지 늘어난다.

초·중·고등학교 재적 다문화 학생 수는 16만 8645명으로 전체 학생의 3.19퍼센트다.[28] 다문화 학생 관련 교육 통계 조사가 시작된 2012년에 다문화 학생 수가 4만 6954

명이었는데, 10년 만에 10만 명 넘게 증가한 것이다. 지역별로 보면 경기도 4만 4152명, 서울 1만 9513명, 경남 1만 2900명, 충남 1만 1569명 순이다. 부모의 국적은 32.4퍼센트(5만 4722명)로 가장 많은 베트남에 이어 중국, 필리핀, (한국계) 중국 순으로 나타났다. 지난 10년의 추이를 보면 인구 구성 변화가 뚜렷하다. 전체 학생 수는 2.4퍼센트 줄었는데 다문화 학생 수는 연평균 13.6퍼센트 늘었다. 이주 노동자, 외국인 유학생, 결혼 이주민과 이들의 자녀가 '새로운 한국인'을 구성하고 있다.

그럼에도 정착과 공존은 한국 사회에서 낯선 단어다. 한국 정부는 다문화주의를 이민자 정책 슬로건으로 내세웠지만, 외국인 노동자 정책은 여전히 '전문 인력은 환영하되, 비전문 인력은 순환시키라'는 원칙을 따르고 있는 데다 실제 다문화 정책은 결혼 이주자와 그 가족만을 대상으로 하는 '다문화 가족 정책'에 국한되어 있기 때문이다.[29] 『다문화 쇼크』에서 묘사되는 다문화 사회의 모습은 이렇다. "똠양꿍이 서울 백화점 식당가에 들어올 때 서산 농촌 비닐하우스에서 일하는 '쏨차이'도 들어왔으며, 쌀국수는 파주 주물공장에서 일하는 '응우옌'과 같이 들어왔다." 독일의 이주 정책에 대한 비판, '우리가 부른 것은 노동력인데, 온 것은 사람이었다'는 말이 우리에게도 해당된다.

지표는 모두 한국 사회가 도달할 '격변기'를 가리키고 있는데도 새로운 이웃과의 공존에 관한 노하우는 좀처럼 쌓이지 않는다. 다문화 학생의 학업 중단율도 하나의 지표다. 2021년 전국 초·중·고 다문화 학생 16만 58명 중 1312명이 학업을 중단했으며 이 중 초등학생이 755명(0.68퍼센트), 중학생이 264명(0.78퍼센트), 고등학생이 293명(2.01퍼센트)이다.[30] 전체 학생의 학업 중단율(초등학생 0.58퍼센트, 중학생 0.54퍼센트, 고등학생 1.55퍼센트)에 비해 높은 수치다. 여성가족부의 '2021년 전국다문화가족실태조사'에서는 학업을 중단했다고 답한 다문화 가족 자녀 474명에게 이유를 물었다. '그냥 다니기 싫어서'(54.5퍼센트), '돈을 벌어야 해서'(10.6퍼센트), '편입학, 유학 준비'(9.4퍼센트), '친구나 선생님과의 관계 때문'(8.3퍼센트), '학교 공부가 어려워서'(7.9퍼센트) 등의 답이 나왔는데, 전체 학생 가운데 다문화 학생이 차지하는 비율이 점점 증가하는 현실을 고려하면 심상치 않은 결과다.

한편 다문화 가정 자녀의 적응을 고민해 온 정숙 씨에게는 울산의 경험이 중요하다. 솔직히 욕심이 생기는 결과이기도 하다. 다문화 가족 내에서 언어의 장벽 때문에 갈등이 시작되는 경우를 많이 보았기 때문이다. "엄마가 한국어를 잘하는지가 자녀의 적응에 적지 않은 영향을 미쳐요. 아이들의 한국어 발달이 느려지면 학교 수업에서도 뒤처지고 차별적 시선에 더 쉽게 위축되죠." 그런데 한국어 특별반 운영을 비롯한 지원을 통해 한국어가 빠르게 향상한 아프간 아이들을 보면서 정착 지원에 '공력'을 들일 가치가 충분하다는 걸 눈으로 확인하게 되었다. 특히 아프간 학생과 같은 중·고등학교를 다니던 다른 다문화 가정의 학생도 한국어 교사 '덕'을 보게 되었다는 소식은 꽤 고무적이다. 울산은 다문화 가정 자녀가 전교생의 10퍼센트 이상인 학교가 생길 정도로 다문화 사회 진입을 눈앞에 두고 있다.

여전히 아프간 난민의 정착 지원에 국민의 혈세를 투입하는 게 맞느냐는 비판도 꾸준히 제기된다. 아프간 특별기여자는 국민기초생활보장법에 따라 기초생활수급자 생계급여와 초기 생활 정착금을 지원받았다. 교육청 예산뿐만 아니라 다문화센터에서 아프간 특별기여자 정착 지원 사업을 위해 받은 구청 예산도 있다. 2022년부터 2년간 두 명의 인건비를 포함해 2억 원 규모다. 이 많은 예산을 난민 지원에 투입하는 게 맞느냐는 지적에 정숙 씨는 이렇게 답한다. "언어 지원은 적응 지원의 첫 단계입니다. 이들이 우리 사회에서 건강한 구성원으로 성장할 수 있어야 하잖아요. 사회적 갈등이 커지면 더 큰 비용이 필요해요. 그걸 생각하면 초기 비용이 훨씬 쌉니다." 취업해서 세금을 내게 할지, 계속 국가의 보호를 받게 할지의 문제라는 뜻이다.

아프간 특별기여자의 울산 정착에 적지 않은 예산이 투입된 이유로 '시스템 부재'도 거론된다. 다문화주의를 연구하는 이수정 교수가 이주민과 난민의 교육과 정착을 위한 체계를 만들어야 한다고 조언하는 이유다. "독일의 경우 이주민이 독일 사회로 유입되었을 때 가장 먼저 언어와 문화 교육을 실시하고 있어요. 이번에는 진천과 여수, 울산 동구 다문화센터 등에서 그 과정을 책임졌지만 앞으로는 이주민들이 들어왔을 때 체계적으로 한국 생활 적응 교육을 할 수 있어야 합니다."

현재 한국에 국경 관리를 중심으로 한 이주 정책은 있어도, 이주민을 함께 살아갈 주민으로 포용하는 정책이 있다고 보기는 어렵다. 이주민 관련 정책은 컨트롤타워 없이 외국 인력, 재외동포, 결혼 이주민 등 대상에 따라 각각의 준거법, 각각의 위원회를 통해 파편적·중복적으로 추진되었다. 이주와 인권연구소 이한숙 소장은 2021년 5월 《월간 참여사회》에 실은 「한국에 이주민 정책은 있는가?」에서 이렇게 말했다. "이주민 정책은 무엇보다 이주민을 사람으로, 함께 살아갈 주민으로 포용하는 정책이어야 한다. 사람은 태어나고, 성장하고, 일하고, 가족을 만들고, 늙고, 아프기도 하며, 누구나 죽는다. 따라서 이주민 정책은 출산과 보육, 교육, 취업, 의료와 주거 등 생활과 사회보장 전 영역을 아우르는 정책이어야 하며, 사람의 생애주기를 고려한 포괄적 정책이어야 한다. 때문에 어느 한 부처가 주관할 수 없는 정책이며, 출입국관리를 주 업무로 하는 법무부는 더더욱 주관할 수 없는 정책이다."

독일은 인구의 26퍼센트가 이민자 출신이며 170만 명에 가까운 난민이 살고 있다. 다양한 문화권의 사람들이 공존하도록 하는 사회적 논의가 오래전부터 있었다. 그 대표적인 예가 '국가통합실행계획(Nationale Aktionsplan Integration)'이다. 독일로 유입된 이주민의 삶을 대부분 포괄하는 통합 정책으로, 교육 자체를 개인의 역량에 맡겨 두지 않고 국가 차원에서 관리하기 위해 이주민 관련 기구를 설립했다. 이주민과 독일 사회가 효과적으로 통합할 수 있는 제도를 구축하고 체계적으로 관리하는 것이다. 난민에 대한 언어교육, 사회 통합 교육, 직업교육, 기초 생활비 지급 등이 기본적인 메커니즘이다.

또한 캐나다의 다문화 교육은 언어 지원과 소수민족의 정체성 존중 및 자신감 배양에 목표를 두고 있다. 교사는 다문화 교육 연수를 반드시 받는다. 300개 이상의 언어가 쓰이는 호주에서는 정부와 각 주가 제2외국어 교육을 지원한다. 정부뿐만 아니라 시민 단체와 이주민 공동체, 노조, 경영진, 종교 기구, 연구소, 언론 등이 참여했다는 데 의미가 크다. 사회 각계각층이 이주민의 사회 통합에 관한 공감대가 있었기에 가능했던 일이다.[31]

다문화센터에 남는 고민이 있다. '지원이라는 이름으로 자립을 방해하고 있지는 않나' 하는 것이다. 특히 정부가 아프간 특별기여자를 국민기초생활수급자로 선정한 것이 그렇다. 생계급여가 기준 중위소득 30퍼센트 이하 가구를 대상으로 가구원 수에 따라 지원되는데, 이 때문에 소득이 늘면 생계급여가 깎이는 상황이 된다. 수혜자의 노동능력 약화를 불러올 수 있다. 원래 하던 일을 하면서 경제적으로 자립할 수 있게 하는 장기적 교육이나 훈련이 차라리 낫지 않았을까? 정숙 씨의 고민이 깊다. 그래서 울산의 아프간인 정착이 '모범 사례'로 여겨지는 것에 대해서도 조심스럽다. 애초에 선의나 배려만으로는 정착을 도울 수 없다는 걸 누구보다 잘 알기 때문이다. "저희가 끝까지 그 가족들을 책임질 수 없으니까요. 주변에서 모이던 자원과 관심이 한순간에 싹 빠질 때 이분들이 무너지면 안 되잖아요. 그때 이미 뿌리를 내리고 있어야 하거든요." 당장은 울산 동구의 활동이 이주민 지원의 긍정적인 사례처럼 보여도 이주 당사자에게는 자립 지연의 요인으로 작용할 수 있다고 염려하는 이유다. 예멘 난민과 비교해 봐도 그렇다. "그분들은 시행착오를 훨씬 더 많이 겪었을 거예요. 그래서 더 자생력이 있잖아요." 정숙 씨는 아프간 특별기여자에 대한 지원을 단계별로 줄여 나갈 생각이다. 김지수 사회복지사에게도 "낚시하는 법을 가르쳐 주되 고기를 잡아다 주지는 말라"고 일러둔 참이다.

다행히도 이런 고민을 다문화센터만 하지는 않았다. 아프간 가족이 없었다면 지역사회에서 만날 이유가 없는 이들과 연결되었기 때문이다. 다문화센터를 포함해 현대중공업부터 교육청, 구청, 경찰서까지 긴밀하게 협조하는 체계가 만들어졌다. 주민들의 우려가 컸던 만큼 공적 에너지가 단기간에 압축된 것이다. 기관 간 '행정 칸막이'가 사라진 점이 이례적이었다. "정부가 폭탄을 울산 동구에 휙 떨어트렸는데 모든 주체가 달려들어서 그 폭탄을 나눠 받았죠." 예기치 못한 갈등을 풀려고 분투한 그의 농담 섞인 비유다.

돌이켜 생각해 본다. 만약 학부모의 반발이 없었다면, 애초에 아프간 특별기여자들이 울산에 오지 않았다면 그 많은 인력이 학교마다 배치될 수 있었을까? 저마다 다른 공공기관의 담당자들이 밤낮없이 통화하면서 정보를 공유할 수 있었을까? 어쩌면 갈등의 진짜 문제는 혐오 섞인 반발을 보인 지역 주민이 아니라, 그 목소리를 제 일처럼 여기고 해결에 나서는 힘이 있는가에 달렸다. 1년을 보낸 정숙 씨 앞에는 그 모든 비효율과 수고를 치를 만한 깨달음이 선물처럼 기다렸다.

"미라클 작전이 성공했을 때만 해도 한국 국민으로서 뿌듯하다고만 생각했지, 이 사람들이 내 옆집에 내 이웃으로 살 거라고는 생각하지 못했죠. 막상 부딪히게 되었을 때 감정은 달랐어요. 언젠가는 한국도 다문화 사회가 될 거잖아요. 우리는 다가올 미래를 좀 더 빨리 겪어 봤어요. 이슬람이 전 세계 4분의 1에 해당하는 거대한 문화권인데, 우리 사회에는 정착과 교류의 경험이 없었어요. 미래 세대는 무슬림과 사업을 하고 정치를 할 수도 있잖아요. 이제 울산은 그런 경험이 있습니다."

금방이라도 터질 폭탄인 줄 알았는데, 잡고 보니 기회였다.

우리는 한번
겪어 봤잖아요

울산시교육청 교육협력담당관실
장영복 대외협력팀장의 이야기

2023년 2월

울산시교육청에 전화를 걸면 명랑한 통화연결음과 함께 누구나 듣게 되는 말이 있다. "한 명의 아이도 포기하지 않는 울산 교육." 아프간 특별기여자 자녀의 입학을 반대하거나 지지한 이들 모두가 한 번은 들어 봤을 것이다. 지난 1년간 학교교육 현장이 다문화 갈등의 최전선이었으며 무수한 협상이 오가고 때로 긴장이 높아졌는데, 이 자동응답만큼은 내내 그대로였다.

사실 울산시 교육감에게는 정치적으로 민감한 시기였다. 2022년 6월 1일에 제8회 전국동시지방선거가 예정되어 있었기 때문이다. 선거를 겨우 넉 달 앞두고 갑작스럽게 결정된 아프간 특별기여자의 울산 이주, 재선을 준비하는 교육감으로서는 아마 피하고 싶었을 쟁점이다. 부정적인 여론을 굳이 건드리기보다는 피하면서 대응하지 않는 편이 상책이라고 생각했을지도 모른다. 그런데 울산은 달랐다. 고 노옥희 교육감이 있었기 때문이다. "(정치인으로서) 표를 의식한다든지 그런 건 없었어요. 공무원들이 흔들림 없이 원칙대로 일하려면 수장의 태도가 가장 중요한데, 교육감님이 그런 태도를 보이셨죠." 교육협력담당관실 장영복 팀장의 말이다. 1년 전 이맘때 끝나지 않을 것처럼 걸려 오던 민원 전화가 끊긴 지 오래다.

공교육이 아이들의 정착을 지원해야 한다는 게 노 교육감의 기본 뜻이었기 때문에, 교육청 직원들은 간단치 않은 문제들을 직면해야 했다. '알면 달라지지 않을까' 하는 마음으로 학부모를 위한 다문화 이해 교육을 기획하기도 했으나 참가율이 저조했다. 그러나 실망하는 대신 관점을 조금 바꿨다. 교육협력담당관실 김정헌 주무관은 '일단 우리 직원부터 선입견이 있으면 안 되겠다'고 생각했다. 아프간 학생을 가르치는 교사들을 대상으로 이슬람 문화 이해 교육을 여러 차례 마련했다. 이수정 교수에게 강의를 부탁했다. "스펀지에 물 스며들듯, 그걸 지속적으로 해 나갈 수밖에 없었어요." 김 주무관의 말이다.

원칙대로라면 아프간 학생들을 위한 특별반을 따로 운영하지 않아도 그만이었다. 원래 특수학급은 '장애인 등에 대한 특수교육법'에 따라 특수교육 대상자의 통합 교육을 위해 일반 학교에 설치된 학급이다. 다문화 학생을 위한 특수학급은 울산에서 처음 만들어진 셈이다. 학부모들의 우려를 조금이나마 줄일 대안이었지만 교육청으로선 아쉬운 점도 있었다. "한국인이 미국에 어학연수를 갔는데 한국인끼리만 있으면 영어가 안 늘잖아요. 이 친구들도 집에서 아프간어로만 이야기할 텐데, 학교에서라도 한국어 소통을 자꾸자꾸 늘릴 수 있길 바랐죠." 장 팀장이 말했다. 교육청과 학부모, 학교 측이 끊임없이 협상한 끝에 1학기에는 전면 분리하되 2학기에는 교류 시간을 늘려 가기로 합의했다.

이 과정에서 중요한 구실을 한 게 '학부모 소통·참여협의체'다. 2022년 2월 11일, '아프간 특별기여자 자녀의 공교육 진입 지원 방안'에 대한 소통을 위해 만들어진 이 기구

에 서진규 교육협력담당관을 비롯해 서부초등학교 학부모
세 명, 학교 관계자 두 명, 교육청 주요 업무 팀장 네 명이
포함되었다. 장 팀장도 그 일원이었다. "언제부터 시작한다,
교육청과 학교가 어떻게 관리하겠다, 이런 걸 학부모 대표
와 계속 상의했죠. 아마 학부모들도 조금씩 마음의 준비를
하셨을 거예요." 의사 결정 과정에 학부모를 참여시키겠다
는 교육청의 약속이었는데, 의견을 전달할 '중간 통로'가 생
기니 산발적인 민원이 줄어들고 효율적으로 소통할 수 있
게 된 것 같다고 장 팀장이 설명했다.

아프간 특별기여자의 울산 정착은 다른 다문화 갈등 사
례에 비해 모범적이라는 평가가 많다. 무슬림 난민 수용을
둘러싼 지역사회의 반발이 심각한 갈등으로 치닫지 않았
고, 대규모 인원인데도 우호적인 여론이 만들어졌기 때문
이다. 그리고 그 중심에 아프간 자녀의 공교육 진입을 위해
발 벗고 나선 울산시교육청이 있었다. "교육감님이 신경을
많이 써 주셨어요."(김호산나 통역사) "교육감님 의지가 확고
해서 저희도 정면 돌파할 수 있었습니다."(김창유 현대중공업
동반성장지원부 책임) "아이들의 한국어가 빨리 는 건 울산시
교육청 덕분입니다."(이정숙 다문화센터장)

다른 현장에서도 울산의 사례에 관심이 많았다. 2022년

6월에 열린 '난민협약 가입 30주년, 난민법 제정 10주년 국제학술대회'의 토론자로 서진규 교육협력담당관이 초청되었고, 같은 해 9월에는 '대구 북구 이슬람 사원 문제의 평화적 해결을 위한 대책위원회'에서 연락이 왔다. 울산의 사례를 공유하고 싶어 했다.

대구 북구 대현동에서는 이슬람 사원 건립을 두고 무슬림 유학생과 지역 주민의 갈등이 2년 넘게 이어지고 있다. 문제가 된 터는 경북대학교에 재학 중인 무슬림 유학생들이 기도 공간으로 사용하던 곳이다. 2020년 9월에 이들이 주축이 되어 북구청에서 사원 건축 허가를 받는다. 그런데 석 달 뒤 공사를 시작하자 일부 주민들이 북구청에 공사 중지 민원을 제기했고, 그날 바로 북구청이 건축주에게 공사 중지 명령을 내렸다. 그 뒤 북구청이 여러 차례 갈등 중재 회의를 열었으나 양측은 평행선을 달렸다. 그러다 2021년 7월, 건축주 측이 북구청을 상대로 공사 중지 처분을 취소하라는 집행정지 행정소송을 냈다. 이 다툼이 대법원까지 갔고, 3심 모두 무슬림 유학생들이 승소했다. 그러자 구석에 몰린 반대파 주민들이 2022년 9월부터 공사 현장 앞에서 삼겹살 파티를 한 데 이어 돼지머리까지 가져다 놓았다.

대구경북 독립 언론《뉴스민》의 박중엽 기자는 대구 이

슬람 사원 갈등을 오랫동안 취재하면서, 이토록 극으로 갈등이 치달은 데 "정치와 행정의 역할 부재" 탓이 크다고 보았다. 구청과 시청 등 지자체가 아무 일도 안 했다는 게 아니다. 북구청은 초기에 갈등 조정 전문가를 투입하고 여러 차례 자문 회의도 열었지만 별다른 성과를 내지 못했다. 무슬림 혐오뿐만 아니라 외국인 유학생을 둘러싸고 대학가의 경제적 이해관계가 복잡하게 뒤엉킨 사안이었기 때문이다. 특히 문제의 땅이 주택 밀집 지역에 있어서 논란이 더 커졌으며 박 기자 자신도 '내가 집주인이라면 과연 공사에 긍정적인 태도를 보였을지' 의문이라고 했다. 무슬림 유학생들은 이렇게 자신들을 싫어하면서 왜 처음에는 받아들였느냐고 물었다.

정치의 개입이 어느 때보다 간절했다. 박 기자가 2022년 9월 13일에 배광식 북구청장과 주민이 함께하는 간담회에서 몇 년째 풀리지 않는 이슬람 사원 건립 갈등에 관해 물었다. 갈등 해결의 열쇠를 쥔 지자체의 구실을 물은 것이다. 배 북구청장은 "현장에 나가 보니 이슬람 사원뿐만 아니라 교회도, 불당도 안 되는 곳"이더라면서 이렇게 덧붙였다. "우리도 교회나 절을 갈 때 (애써) 찾아간다. 버스 타고 30분도, 한 시간도 간다. 그런데 이분들은 경북대에서

200미터 안에 있어야 한다고 한다. 이런 의견에 동조해서 그 편을 들면 오히려 내국인을 차별하는 것이다."[32] 나흘 뒤 '대구 이슬람사원 문제의 평화적 해결을 위한 대책위원회'는 배 북구청장의 주장이 사실 관계를 왜곡한 것이라 비판했다. 건축주 측이 대체 부지가 경북대에서 200미터 내에 있어야 한다고 명시적으로 말한 적이 없었다는 것이다. "구체적 설명은 없고 소문만 무성하게 뿌리는 진의가 무엇인지 묻고 싶다. 지역사회와 지자체 도움이 없으면 새로운 장소 매입이 쉽지 않을 것이고 북구청이 책임지는 것이 당연하다."[33] 돼지머리 시위에 대해서도 북구청은 "구청과 관계없는 일"이라는 의견만 내놓았다.[34]

정치와 행정이 일관된 태도를 고수하는 사이 공사장 인근에 "이슬람 무서워서 마실도 못 다닌다", "유럽처럼 무슬림 밀집 지역이 되어 치안 불안·슬럼화된다" 등 이슬람을 꼬집어 비난한 현수막이 늘어났다. 때로 극우 유튜버가 찾아가 생방송을 하거나 다큐멘터리 감독이 주민에게 폭행을 당하는 일도 벌어졌다. 한 무슬림 학생도 반대 측 주민에게 폭행당했으나 고소를 취하했고, 사원 건축을 지지하는 내용의 현수막을 치우려던 반대 측 주민을 밀친 혐의로 법정에 간 외국인 유학생은 벌금형을 선고받았다. 노골적인 표현이 오가며 감정이 격앙되어 갔다.

박 기자는 "물밑에서 실무자를 지원해 주는 것도 필요하지만, 갈등 중재에 더 중요한 건 정치와 행정이 보이는 태도에 달려 있다"고 말했다. 단순히 법적인 논리만으로 설득할 수는 없는 문제라서다. "이주민 없이 살지 못하는 사회가 되고 있잖아요. 무슬림 유학생 덕분에 대학의 연구부터 대학가 상권까지 지탱하는 부분이 큰데, 사람이 살아갈 수 있는 여건을 세심하게 살피는 것도 정치가 작동해야 할 공간이 아닐까요?" 대구와 울산의 사례를 나란히 놓고 비교하기는 어렵다. 갈등이 지속된 기간이나 배경이 달랐다. 대구는 유학생이었고, 울산은 미성년 자녀가 있는 가족이었다. 다만 공교롭게도 비슷한 시기에 이슬람을 둘러싸고 일어난 갈등이라는 점에서 미래를 위해 두 사례를 복기해 보는 것이 중요하다. 박 기자는 시민의 불안과 반발심을 누그러뜨리는 '포용의 메시지'를 대구에서는 찾아보기 어려웠다고 전했다.

울산의 사례를 공유하는 자리가 있을 때마다 장영복 팀장은 "당사자들과의 긴밀한 소통"을 강조했다. "그분들을 배척해 버리면 안 되거든요. 단순히 '법적으로 문제없으니 학부모님들이 이해해 주세요.' 이렇게 하지는 않았어요. 학부모의 우려를 충분히 이해하고 대안을 먼저 제시한 거죠."

교육청 직원과 담당 장학사가 짝을 이루어 매일 학교에 가다시피 했다. 아프간 학생과 한국 학생이 만나는 등하굣길이나 급식 시간에 문제가 없는지 확인하기 위해서였다. 이런 교육청의 태도에 학부모들도 안심하지 않았을까, 장 팀장은 생각한다. "어떤 갈등이든지 현장에 답이 있는 것 같습니다."

무엇보다 갈등에 대응하는 과정에서 학부모 소통 협의체, 한국 문화 적응반, 유관 기관 협조 체계 등 전에 없던 '매뉴얼'이 생겨났다. 아프간 자녀 입학 문제로 고개를 든 반대 여론이 계기였다. 아프간 아버지들의 고용주인 현대중공업은 자녀 교육이 잘 돼야 노동자도 잘 안착할 것이라고 보고 교육청의 협조 요청에 응했으며 주민 관할 부처인 동구청이나 동부경찰서, 출입국외국인사무소 등은 선주민과 이주민 사이에 예기치 못한 폭력이 발생하지 않도록 인력과 예산을 투입했다. 주민에게 이슬람 이해 교육을 제공하는 한편 아프간 기여자에게는 한국 문화와 법규, 교통안전 수칙에 관한 교육을 진행했다. 각 기관과 사람들이 제구실을 하면 다문화 사회의 예기치 못한 갈등도 줄일 수 있다는 것을, 울산의 시도가 보여 준다.

노 교육감의 갑작스러운 부고로 현장의 동력이 떨어지지 않을까 하는 우려가 제기되었다. 수장에 따라 교육청의 '기조'가 바뀔 수 있기 때문이다.[35] 장 팀장은 시스템이 갖춰져 있기 때문에 크게 걱정하지 않는다고 답했다. 우크라이나-러시아 전쟁이 터졌을 때도 '혹시나' 하고 긴장했다. "또 비슷한 일이 생길 수 있으니까요. 우리는 한번 겪어 봤잖아요. 시스템이라는 게 결국 사람을 움직이더라고요." 코로나19 때문에 생긴 입국 제한 조치가 풀렸을 때도 그랬다. 2022년 말, 현대중공업이 외국인 노동자를 1000명 이상 채용할 것이라고 했다. 장 팀장은 이 기사를 보자마자 현대중공업의 김창유 책임에게 연락했다. "자녀들도 데리고 온답니까?" "이번에 자녀는 없어요. 어른들만 들어옵니다." 그제야 장 팀장이 한숨 돌렸다.

2023년 2월 9일, 울산 정착 1주년을 맞아 아프간 학생들이 교육청을 찾아갔다. 이들이 고마움을 담아 그렸다는 그림을 보던 장 팀장이 깜짝 놀랐다. "정말 잘 그렸더라고요." 노랗게 칠해진 서부초등학교 위로 해님이 활짝 웃고 있다. 그 옆에 6학년인 로하프저가 삐뚤빼뚤 써 내려간 편지도 있다. "저는 1년 동안에 서부초등학교에 공부해서 기분이 너무 좋았어요. 선생님들은 우리한테 항상 한국어를 가르쳐 주셔서 정말 많이 너무 감사하고 사랑합니다."

2023년 1학기부터 아프간 특별반은 서부초등학교에 한 학급만 남고 사라질 터였다. 노 교육감이 생전 인터뷰에서 "아프간 학생과 한국 학생이 섞일 수 있는 수업을 만드는 게 남은 숙제"라고 말했다. 이제 아이들이 용기를 내야 할 때다. 장 팀장이 할 수 있는 것은 가끔 학교에 전화해 보는 정도다. "아이들끼리는 잘 지낸대요. 특히 중·고등학교에선 스포츠로 대동단결이 되었더라고요. 축구를 선수급으로 잘하는 친구가 한 명 있는데, 인기가 꽤 많은가 봐요." 이렇게 말하는 그의 얼굴에서 알게 모르게 흐뭇한 미소가 번졌다. 피부색이나 생김새 말고도 한 아이의 정체성을 설명할 수 있는 언어가 늘었으니, 어쩌면 그것으로 되었다.

아프간 특별기여자 자녀 입학 관련 경과 사항
(출처: 울산시교육청 교육협력담당관실)

기간	내용
2021년 8월 ~ 10월	충북 진천 국가공무원인재개발원 아프간인 임시 거주 및 적응 교육
2021년 10월 ~ 2022년 2월	전남 여수 해양경찰교육원 공교육 진입과 취업 등 준비 교육, 거주 자격 비자(F-2) 발급 및 특별기여자 지위 부여

2022년 1월 24일	울산 정착 최초 인지, 교육부 공문 "학령기 아동 공교육 진입 지원 협조"
2022년 1월 27일	법무부 공문 "특별기여자 지역사회 정착 예정 알림"
2022년 2월 7일	울산 동구 정착, 29가구 157명 울산 동구 현대중공업 중앙아파트(사택) 입주
2022년 2월 8일	**교육청** 아프간 자녀 공교육 진입 지원 TF팀 구성 – 단장: 부교육감 – 부단장: 교육국장, 행정국장 – 팀원: 교육청 각 사업부서 팀장 15명 – 역할: 아프간 특별기여자 자녀 공교육 진입 및 학교생활 정착을 위한 각종 지원 방안 마련
2022년 2월 9일	**서부초** 서부초 학부모 반대 시위
2022년 2월 10일	**교육청** 서부초 학부모 간담회
2022년 2월 11일	**교육청** 학부모 소통 참여 협의체 구성 – 위원장: 교육협력담당관 – 위원: 서부초 학부모 대표 등 3명, 학교 관계자 2명, 교육청 주요 업무 팀장 4명 – 역할: 특별기여자 자녀 공교육 진입 지원 방안 소통 등
2022년 2월 14일	**교육청** 취학 설명회 – 아프간 학부모 대상 자녀 취학 설명(학교 안내, 취학 시기, 희망 학교 등 조사)
2022년 2월 18일	**동구청** 서부초 학부모 기자회견

2022년 2월 24일	**교육청** 학력 심사 결과 안내, 중학교 배정 희망 추첨, 고등학교 편입 희망 접수
2022년 3월 3일	**교육청** 서부초 학부모 1차 설명회
2022년 3월 7일	**교육청** 교육청 직원, 이슬람 문화 이해 교육
2022년 3월 14일	아프간 학생 법정 예방접종 완료
2022년 3월 17일	**교육청** – 배치 학교 지원 인력, 이슬람 문화 이해 교육 – 유치원, 초등학생 배치 학교 교직원, 이슬람 문화 이해 교육
2022년 3월 17일 ~20일	**교육청** 중·고등학생 배치 학교 교직원, 이슬람 문화 이해 교육
2022년 3월 21일	아프간 학생 85명 첫 등교
2022년 3월 21일 ~5월 11일	**교육청** 전체 배치 학교 교직원, 이슬람 문화 이해 교육
2022년 5월 9일	**교육청** 학부모·교육청 직원, 이슬람 문화 이해 교육
2022년 5월 13일 ~7월 8일	**교육청** 아프간 학부모 연수, 학교 폭력, 성평등, 한국 문화 교육 등 다섯 차례
2022년 8월 30일 ~9월 7일	**교육청** 배치 학교 여건 개선 교사, 아프간 및 이슬람 문화 이해 연수

할랄 오레오,
들어 봤어요?

현대중공업 동반성장지원부
김창유 책임, 샬리마 마트 오마르의
이야기

2023년 2월

2월 18일 아침부터 비가 세차게 쏟아지더니 바로 그쳤다. 아스팔트 바닥이 젖었지만 공을 차고 놀기에 나쁘지는 않았다. 오후 2시 12분, 트럭 한 대가 울산 동구 서부동의 한 아파트로 들어선다. 주차장에서 뛰놀던 아이들이 익숙한 듯 "살람!" 하고 외쳤다. 기사는 파키스탄인 자만 오마르 씨. 그가 자신이 운영하는 '샬리마 월드 마트'에서 식자재를 신고 온 것이다. 할랄 인증을 받은 닭고기부터 인도 쌀, 고수, 대추야자, 리코타 치즈, 칠리 파우더, 밀가루, 녹두, 우유 등을 담은 상자가 아스팔트 바닥에 가지런히 깔렸다.

단톡방에서 소식을 들은 아버지들이 하나둘 편한 옷차림으로 집에서 나왔다. 일주일에 한 번 아프간인들을 위해 중앙아파트 앞에 열리는 간이 시장이다. 슬리퍼를 신고 나온 자말 씨는 냉동 닭고기 두 봉지를 노란 플라스틱 장바구니에 담았다. 사지아 씨가 건강 때문에 살을 빼야 한다며 부탁한 저녁거리다. 여자들도 시장에 가지만, 남녀가 유별하다는 아프간 문화가 남아 있는 탓에 주말 장보기는 대체로 남자들의 일이다. 집을 비운 부모님을 대신해 아미나도 장을 보러 나왔다. 주말이라 도서관에 가는 아이들도 궁금한 듯 흘깃 보고 지나간다. 중앙아파트 앞이 시장처럼 소란스러워지는 장면이다.

이슬람 여성의 이름인 '샬리마'는 이슬람 문화권에서 기차역이나 상표 이름에도 쓰인다. 한국살이 16년 차인 오마르 씨가 손님들이 친숙하게 와 주길 바라며 가게 이름을 지었다. 1982년생인 그는 2007년에 자동차 수출 사업을 위해 울산에 왔다가 명함 디자이너인 아내를 만나면서 한국에 정착했다. 불경기 탓에 자동차 사업이 뜻대로 잘 풀리

지 않았고, 2009년에 할랄 식품점과 파키스탄 식당을 방어
진동에 차렸다. 한국에서 무슬림으로 살다 보니 늘 먹는 게
문제였기 때문이다. "어딜 가도 음식에 다 돼지고기가 들어
있어요." 그때만 해도 지금처럼 외국인이 많지 않았는데, 조
선소와 공장을 중심으로 이주 노동자가 늘어나면서 샬리마
마트도 자리를 잡았다.

알파벳(ULSAN Shalimar foreign mart)이 적힌 간판 아래로
다양한 국기와 민트나 딜, 공심채 같은 동남아 채소 그림
이 눈에 띈다. 가까이 가 보니 손님을 위해 '선불 유심 칩'과
'중고 휴대전화'를 영어로 써 놓은 것도 있다. 타이, 방글라
데시, 파키스탄에서 울산에 온 무슬림이 샬리마 마트의 단
골손님이다. "할랄 라면 있어요?" "사장님, 이건 얼마예요?"
"1킬로에 3000원요." 한국어부터 영어, 힌디어, 아랍어, 페
르시아어가 대화에 마구 섞여 나온다. 할랄 식자재는 대부
분 경기도 안산의 도매상에서 주문한다. 바로 옆에 큰 유통
회사의 소매점이 있는데, "우리 물건은 거기 없고, 거기 물
건은 여기 없어서" 괜찮다고 한다. 갖은 향신료와 식자재가
즐비한 곳이지만 술은 팔지 않는다. 이슬람 율법이 술을 마
시거나 생산하지 말라고 하기 때문이다.

아프간 특별기여자들이 울산에 오고 얼마 안 지나 배달

을 시작했으니 1년이 다 됐다. 할랄 음식을 찾던 가족들을 위해 직접 운전하며 찾아왔다. "같은 나라 사람을 만나서 반가웠어요. 파키스탄과 아프가니스탄은 원래 한 나라거든요." 파키스탄과 아프간 사이 국경은 영국령 인도제국의 외무장관이던 모티머 듀랜드가 영국령 인도와 아프간을 가르기 위해 마련한 듀랜드 조약에 따라 1893년에 설정되었다. 이때 두 나라에 걸쳐 있던 파슈툰족 거주지가 두 동강 났는데, 오마르 씨의 할아버지가 바로 파슈툰인이다. "한국으로 보면 파주랑 비슷해요. 남한에 있는데 북한하고도 가깝잖아요. 아프간과 파키스탄도 똑같아요." 언어도 문화도 같은 아프간인에게 어떻게든 도움이 되고 싶어서 배달을 시작한 것이다.

사실 샬리마 마트만이 아니다. 울산 동구에는 베트남어 간판을 건 쌀국숫집, 할랄 식품점, 아시아 마트 등 이주 노동자를 고객으로 하는 각종 편의 시설이 생겨나고 있었다. 내국인이 이용하는 일반 상점 간판에서도 영어 표기를 쉽게 확인할 수 있다. 공업 도시에 모인 이주민들 때문에 달라진 상권의 모습이다. 울산 동구의 주민이기도 한 오마르 씨는 말한다. "원래 외국인이 많았어요. 두바이, 말레이시아, 사우디아라비아 사람이 많아요." 그의 손님들은 일시 체류하는 경우가 많았는데 최근 장기 체류자가 늘었다. 아프간 가족도 그중 하나다.

이주민은 지역 경제의 중요한 구성원이다. 이민정책연구원 자료에 따르면, 외국인 노동자의 생산 소비 활동에 따른 생산과 부가가치 유발효과를 합산한 경제적 효과가 2023년에 128조 3000억 원, 2026년에는 162조 2000억 원에 이를 것으로 보인다.[36] 2016년과 비교하면 두 배가 넘는다. 이주 노동자들은 급여의 60퍼센트 정도를 본국에 보내고 나머지는 국내에서 소비하는 것으로 조사되었다. 이는 내국인 노동자 소득 1분위 소비지출(2022년 기준 131만 9000원)과 비슷한 수준이다. 이주 노동자는 당연히 세금도 낸다. 국세청 자료에 따르면, 2023년 연말정산을 한 외국인 노동자 54만 4000명이 낸 근로소득세만 1조 1943억 원으로 역대 최대치를 기록했다.

사람들의 인식도 달라지고 있다. 2021년에 여성가족부가 국민의 다문화 수용성을 조사한 결과를 보면, "외국인 근로자들은 우리나라 경제에 기여하는 것보다 가져가는 것이 더 많다"는 서술에 응답자 중 29.1퍼센트가 그렇다고 했으며 이는 조사를 시작한 이래 가장 낮은 비율이었다. 또 "우리나라에 외국인 주민이 증가하면 그들을 지원해야 하므로 국가 재정 부담이 커질 것이다"에 그렇다고 한 사람이 43.4퍼센트로 2018년에 비해 7.7퍼센트 낮아졌다.

이주 노동자가 지역 경제에 이바지하는 현실을 창유 씨는 이미 몇 년 전부터 체감하고 있었다. 특히 코로나19 대유행은 국내 노동시장에서 이주 노동자의 존재감을 각인시킨 '사건'이다. 국경을 넘는 이동이 제한되고 이주 노동자가 줄어들면서 농·어업과 제조업 등에서 고질적인 인력난이 더 심해졌다. "저희도 법무부를 많이 설득했어요. 결과적으로 정부나 기업도 외국인에 대해 전보다 포용적으로 바뀌고 있고요." 2022년 10월, 정부는 조선업의 인력 부족 문제를 해결하기 위해 2023년 비전문 취업 비자(E-9)의 쿼터를 6만 9000명에서 11만 명으로 늘리겠다고 했다. 용접 600명, 도장 300명 등으로 제한하던 전문 인력 비자(E-7) 쿼터도 2022년 4월에 폐지했다.

입국 제한 조치가 풀렸을 때 조선 업계가 분주해졌다. 현대중공업은 2022년 9월 타이어, 베트남어, 우즈베키스탄어 통역 인턴을 뽑은 데 이어 최근에는 페르시아어를 전공한 통역사도 한 명 뽑았다. 이들은 생산 현장에서 안전 교육과 고충 상담 업무를 지원한다. "사실 통역사들이 우리가 하는 말을 노동자에게 전달해 주는 게 아니고요, 현장에 가서 사람들 얘기 들어 주고 말 걸어 주고 그런 목적이 커요." 이주 노동자를 붙잡으려는 회사 나름의 분투다. 최근 수용 인원을 2500명 규모로 크게 늘린 외국인 노동자 기숙사에는 탁구장 같은 놀이 시설을 두었다. 외국인 노동자에게 '글로벌 간편식'을 제공하기 위해 다른 문화권의 음식으로 메뉴를 짠 것도 비슷한 예다. "할랄 오레오라고 들어 봤어요? 과자 튀길 때 돼지기름을 안 쓴대요. 한번 검색해 보세요. 억수로 비싸요." 창유 씨가 웃었다.

돌이켜 보면 창유 씨는 아프간 가족들의 보이지 않는 조력자였다. 울산 동부경찰서에 자율방범대를 꾸려 보자고 제안한 사람도 그다. 아프간 아버지들이 세 명씩 조를 짜서 동네를 순찰하면 불안이 좀 줄 것 같았다. 길이 익숙지 않은 어머니들이 다문화센터에 편히 갈 수 있도록 버스를 지원하고, 아이들에게 아프간 가족의 일러스트가 그려진 교통카드를 선물했다. 각 가정에 속속들이 관여하다 보니 기억에 남는 순간도 많다. 울산에서 아프간 가족의 아이가 처음 태어나던 순간엔 정말 진땀을 뺐다. 진통이 있다고 해서 병원으로 데려간 산모가 코로나19 양성 판정을 받은 것이다. 다른 데 찾아보라는 병원의 무심한 태도에 화가 난 그가 직접 119 구급대를 부르고서야 울산대병원

응급실에 갈 수 있었다. 현대중공업 관계자들이 '울산 1호' 라 부르는 아기가 이때 태어났고, 그 뒤 다섯 명의 아이가 더 태어났다.

전례 없는 갈등을 겪었지만 그만큼 경험이 쌓였을 것이다. 창유 씨는 울산도 앞으로 포천이나 안양처럼 외국인 비율이 높은 도시가 되지 않을까 하고 예상한다. "지금 서부초등학교 아이들이 먼저 잘 적응했다고 생각해요. 어느 지역, 어느 학교에서나 벌어질 수 있는 일이잖아요. 주민들도 빨리 이해해 주신 것 같아요. 그 노력을 정말 고맙게 생각해요." 아버지들의 출근도, 아이들의 등교도 어느 정도 적응됐으니 남은 건 어머니들의 취업이다. 1년 전만 해도 집 밖에 나오지 않던 어머니들이 요즘엔 운전면허를 따거나 경제활동을 하고 싶어 할 정도로 바뀌었다. 창유 씨에겐 긍정적 신호 같다. "조선소에 온갖 일이 다 있거든요. 어머니들이 식당에서 일하고 싶다는데, 돼지고기를 못 만지면 어디에서 일할 수 있을지 난감하긴 해요." 적응이 또 다른 과업이었던 '아프간의 아버지' 창유 씨의 1년이 이렇게 지나간다.

우리 이제
식구네요

권월수, 김혜진, 이송희의 이야기

2023년 2월

며칠 전부터 마르와가 바다에 놀러 간다고 여기저기 자랑한 바람에 중앙아파트에 소문이 쫙 났다. 마르와네, 경아네 가족이 함께 바닷가에 가기로 한 날이었다. 겨울방학이 시작돼 집에서 보내는 시간이 많아진 아이들에겐 더없이 좋은 계획이었다. 가정방문을 다녀오던 김지수 사회복지사가 "마르와는 바다 가서 좋겠네." 하고 말을 걸자 마르와가 싱

굿 웃는다. 올해 초등학교 5학년이 되는 마르와는 붙임성이 좋아 어른들과도 곧잘 이야기를 나눴다. "울산에 올 때 145센티였는데 지금은 150센티예요! 여기서 5센티나 자랐어요." 활달하고 에너지가 넘치는 덕에 학교 여자 축구팀에도 들어갔다.

지난해 '함께 하다' 프로그램으로 맺어진 두 가족이 지금까지 교류하고 있다. 울산 동구에서 어린이집을 운영하는 경아 어머니 권월수 씨는 지역사회 복지 문제에 오랫동안 관여하다 아프간 가족을 만나게 되었다. 지난 설날 경아네가 떡국을 가져다 주었더니 마르와의 부모가 경아네를 집으로 초대했다. "같이 밥 먹으면 식구인데, 우리 이제 식구네요." 그날 월수 씨가 한 말이다. 빵 한 쪽도 나눠 먹는 문화가 낯설지 않았다. 아프간식 볶음밥인 카불리에 닭볶음, 샐러드까지 잘 대접받고 나서 다음 약속을 잡지 않을 수 없었다.

2월 18일 오전 11시, 월수 씨 남편 성봉재 씨가 운전하는 노란색 어린이집 승합차가 중앙아파트 앞에 섰다. "마르와, 오늘 바다 가서 축구하려고 공도 가져왔어." 봉재 씨가 반갑게 인사한다. 마르와가 동생 파르핫 손을 잡고 폴짝폴짝 뛰어왔다. 창훈과 경아 그리고 사디콜라와 마라핫, 마르와, 파르핫까지 두 집의 10대 아이들이 올라타니 뒷좌석이 꽉 찬다.

중앙아파트에서 바다까지는 차로 20분 거리. 대왕암공원은 울산의 동쪽 끝 해안을 따라 바위가 모여 있는 명소로, 한국에서 해가 가장 빨리 뜨는 곳으로 꼽힌다. 최근에는 해안 산책로를 잇는 출렁다리로 더 유명해졌다. 조선업 불황으로 침체기를 겪던 울산 동구가 관광 인프라 구축에 주력하면서 2021년 7월에 만든 곳이다. 울산 토박이인 월수 씨는 지난 몇 년 사이 도시의 경관이 많이 바뀌었다고 느꼈다. 바뀐 건 경관만이 아니다. 조선업 불황 이후 공업 도시의 빈 자리를 외지인들이 채웠다. 철거덕철거덕 소리가 나는 출렁다리를 시끌벅적하게 건너는 여섯 아이를 보면서 월수 씨는 새 이웃이 생긴 것을 실감했다. "어차피 같이 살아야 하잖아요. 옆에 사는 사람이 이웃이지, 누가 이웃이겠어요."

아슬아슬한 출렁다리 너머로 동해가 펼쳐졌다. 험준한 산악으로 둘러싸인 카불의 풍경과 많이 다르다. 한국에서 세 번째 보는 바다라며 마르와는 신이 났다. 그에 비해 무뚝뚝한 편인 경아는 아직 친구와 그 가족에게 어떻게 다가가야 할지 잘 모르겠다. 사실 비가 오지 않으면 축구를 할

참이었다. 축구 선수가 꿈인 마르와, 체육을 가장 좋아하는 경아는 축구를 하면서 친해졌다. 생각보다 한국어를 잘하는구나, 집에서는 히잡을 벗네, 돼지고기만 안 먹는 줄 알았더니 닭고기도 잘 안 먹는구나……. 경아는 몰랐던 사실을 하나씩 알아 가는 중이다.

혜진 씨는 그사이 파힘 가족과 작별했다. 파힘 가족이 경기도 수원으로 이사했기 때문이다. 육체노동이 익숙하지 않아서 힘들어하던 중에 한 제약 회사의 보조 인력으로 취업하게 되었다. 무척 좋은 일이지만 혜진 씨와 아이들이 많이 섭섭해했다. '이제 막 친해졌는데, 이럴 줄 알았으면 더 자주 만날걸.' 파힘 가족은 중앙아파트를 떠나는 첫 번째 아프간 가족이다. 그 뒤 울산을 떠나려는 가족들이 조금씩 생겼다. 조선소 중심인 울산보다는 아무래도 경기도에 가능성이 많다. 울산에서 적응하기 어려우니까 떠난다고 볼 수 있겠지만, 아프간 정착 지원에 관여한 실무자들은 그렇게 이사할 엄두를 내는 것도 긍정적으로 본다. 울산에 살아 보니 다른 곳에서 시작할 용기가 생겼다는 뜻일 것이다. "수원에 가서도 힘든 거 있으면 꼭 알려 줘요. 제가 도울게요." 파힘 가족이 떠나던 날 혜진 씨가 건넨 말이다.

그 뒤로도 혜진 씨는 일대일 한국어 멘토링 수업을 위

해 중앙아파트를 찾았다. 정식 한국어 수업이라기보다는 일주일에 한두 번씩 얼굴 보며 나누는 대화에 가깝다. 이것만으로도 아프간 어머니들이 덜 고립될 것이다. 한번 소통하려면 손짓발짓까지 해야 하지만, 이게 다 추억이고 정으로 쌓이는 것 같다. 스승의날에는 감사 문자도 받았다. 그저 한국어를 좀 더 잘해서 '선생님'으로 불리는 게 민망하면서도 고마웠다. 자기 존재가 누군가에게 도움이 될 때의 만족감을 새삼 깨닫고 있다. 그런 일을 어떻게 하냐면서 혀를 내두르던 지인들도 달라진 그를 보면서 궁금해하기 시작했다. 다문화센터에서 함께 하다 프로그램 참가자를 모집하면 꼭 알려 달라는 지인이 등장했으니 말이다.

얼마 전 아프간 자녀 입학에 반대하던 지인과 아주 오랜만에 연락이 닿았다. 사실 아프간 가족과 만나기 시작한 뒤로 연락이 뜸했다. 오래 알던 사이라 조마조마한 마음으로 안부를 물었는데 뜻밖의 답이 왔다. "초반에는 아프간 아이들이 신경 쓰여서 행동 하나하나가 조심스러웠는데, 지금은 문제가 없다고 하더라고요. 모두 친구가 되었대요. 역시 어른들 걱정하고 다르게 아이들은 바로 적응하면서 친해지는 것 같아요." 입학 초기에 나온 학부모들의 목소리도 무조건적 반대는 아니라고 했다. 반대 서명을 한 혜진 씨도 이해하는 이야기다. "그때는 그게 맞다고 생각해서 열심히 반대했는데, 지금 생각으로는 내가 그때 무슨 일을 했나 싶어요. 지금은 너무 아무렇지 않게 잘 지내고 있으니까요."

아프간인과 함께한 울산의 1년은 한국의 다문화 수용성을 고민하는 이들에게 중요한 사례다. 2012년 이래 여성가족부가 3년 주기로 하는 '국민 다문화 수용성 조사'는 이주민과 다문화 사회에 대한 내국인의 수용성을 수치로 나타낸다. 다양성(문화 개방성, 국민 정체성, 고정관념 및 차별), 관계성(일방적 동화 기대, 거부·회피 정서, 교류 행동 의지), 보편성(이중적 평가, 세계시민 행동 의지) 등으로 구성된 조사에서 응답자가 다문화 사회에 대해 긍정적인 태도를 가질수록 다문화 수용성 지수가 100점에 가깝게 나타난다. 2021년 조사 결과 한국인의 다문화 수용성 지수는 52.27점으로 나타났다.[37] 2018년에 비해 0.5점 떨어졌으며 2015년 이후 계속 낮아지는 추세다. 코로나19 확산에 따라 이주민과 교류할 기회가 줄고 외부에 개방적인 태도가 위축된 영향이 있는 것으로 보인다.

특히 다문화 수용성을 구성하는 요소 중 이주민과의 친목 모임이나 친구 관계 형성과 같은 '교류 행동 의지'가 가장 낮았다(38.76점). 이 대목을 보고서는 한국 사회 다문화 수용성의 '최대 약점'이라고 설명했다. 2015년 이후 계속 하락하는 데다 하락 폭도 매우 크다. 다문화 수용성은 일상에서 이주민이나 외국인을 자주 목격하거나 그들과 관계를 맺을수록, 다문화 교육을 받은 경험이 있을수록 높아진다. (이주민을 자주 목격한 집단의 다문화 수용성이 53.65점으로 가장 높고, 이주민을 본 적 없는 집단의 다문화 수용성은 48.48점이다. 또 다문화 교육 참여자의 다문화 수용성이 미참여자에 비해 4.86점 높다.) 하지만 국민 대부분이 이주민과 관계를 맺고 있지 않으며 맺고 있더라도 긍정적 경험이 없이 다소 형식적인 관계에 머무른다.

청소년의 다문화 수용성이 성인에 비해 월등히 높은 것은 '접촉'이 왜 중요한지를 보여 준다. 청소년의 다문화 수용성은 71.39점으로 성인보다 20점 가까이 높고, 연령대가 낮을수록 다문화 수용성이 커진다.[38] 특히 적극적으로 관계를 맺으려는 '교류 행동 의지' 면에서 청소년의 다문화 수용성 점수가 상당히 높은(78.09점) 반면, 성인의 점수는 가장 낮았다(38.76점). 다문화 가정의 학령기 자녀가 증가하면서 이들과 같은 학교에 다니거나 친구가 될 수밖에 없는 것이 현실이기도 하다.

다문화 수용성 조사 결과를 담은 보고서는 앞으로 "많은 국민들이 이주민과의 관계를 통해 긍정적 경험을 할 수 있게 된다면 다문화 수용성이 긍정적으로 전개될 것으로 기대된다"고 제언한다.

갑작스럽게 한국에 온 무슬림 난민 이웃 덕분에 울산은 교류 기회를 얻었다. 혜진 씨와 파힘 씨, 경아네와 마르와네, 현주 씨와 무라사, 사지아 씨와 호산나 씨, 주할과 다온이 그렇게 만났다. 뜻밖이었고 낯설었지만, 그래서 새로 알게 된 게 많다. 한국과 아프간의 문화 차이부터 서로에게만 알려 준 가족사, 남 모를 비밀과 고민 그리고 꿈. 높은 장벽으로만 여기던 차이를 직접 넘어 보니 "그냥 사람", "다 똑같은 사람"이었다. 편견을 깨부순다는 건 저마다 세계를 넓히는 것이고 그래서 드물고 소중하다. 울산에서 연결된 한 명 한 명의 이야기가 다문화 갈등을 해결할 수 있다는 것을 보여 주는 '증거'가 아닐까? 정말로 울산은 '다가올 미래'를 먼저 겪었다.

겨울방학에도 다온이가 주할네 집을 종종 찾았다. 난생처음 아프간 영화를 보기도 했는데, 자막이 없어서 모든 내용을 따라가진 못했다. 그래도 "동물적으로" 이해가 되었다고 한다. 학교 수업 시간에 만든 열쇠고리를 서로 교환해서 책가방에 달았다. 다온이는 아프간 은어도 쓴다. '샬로 쿠바스티.' 친구끼리 쓰는 인사라고 주할이 알려 주었다. "학교에서 (아프간인) 2학년 선배들을 만날 때 '샬로 쿠바스티' 하고 인사하면 선배들이 엄청 좋아하더라고요." 조잘대는 다온이 표정이 밝았다. "그냥 같은 동네 살면 인종이 달라도 비슷하다고 생각해요. 뭐든지 존중하는 마음이 제일 큰 것 같아요. 제 학교 친구들은 채식을 너무 싫어하거든요. 저는 되게 좋아하는데. 이왕 왔으니까 서로 존중하면서 조화롭게 사는 게 어떨까, 다들 마음을 좀 넓게 생각해 주면 좋겠어요."

해외의 많은 연구가 다문화 교류 경험이 모든 학생에게 긍정적 영향을 줄 수 있다는 사실을 밝혀냈다. 미국의 비영리 연구 기관 센추리재단의 보고서는 "다양성이 우리를 더 똑똑하게 만든다"고 말한다.[39] 저마다 다른 학생들이 마주치는 데서 나온 새로운 생각과 도전이 비판적 사고와 문제 해결을 포함해 인지능력의 향상으로 이어진다는 것이다. 같은 자료에 따르면, 미국 대기업 고용주 96퍼센트가 직원들이 문화적 배경이 다양한 동료 및 고객과 편하게 일하는 것을 중요하게 보았다. 보고서는 이렇게 덧붙인다. "표준화된 시험을 지나치게 강조하는 것은 학생을 창의적인 방식으로 참여시키는 좋은 교육에 해를 끼친다. 리더십을 발휘하면 이런 성공 사례를 본받아 마침내 분리와 불평등을 넘고 모든 미국 학생을 위해 더 좋은 교육으로 나아가는 데 도움이 될 수 있다."

『파친코』에 재일 조선인의 삶을 담은 이민진 작가가 유튜브 채널 〈조승연의 탐구생활〉에서 밝힌 이야기가 있다. 어릴 때 미국으로 이민하고 뉴욕에서 자란 그는 노벨상 수상자를 여덟 명이나 배출한 특목고, 브롱크스 과학고등학교를 졸업했다고 한다. "대부분의 사람들에게 브롱크스는 흑인이나 카리비언이 주를 이루는 동네라고 알려져 있는데, 한국 사람 입장에서는 책을 좋아하는 아시아계 문학소녀가 브롱크스에서 학교를 다녔다는 게 상상이 잘 안 된다"는 진행자의 말에 이렇게 대답했다. "뉴욕시에는 정말 다양한 사람들이 살고 있어요. 한국 사람들은 뉴욕 하면 엄청난 부자 동네나 찢어지게 가난한 동네를 떠올리죠. 하지만 뉴요커의 대부분은 중산층이에요. 그리고 그 뉴요커의 대부분은 이민자 출신이죠. 그리고 브롱크스 과학고등학교는 다양한 이민자들과 사회경제적 계층을 모두 만날 수 있는 최고의 장소였어요. 또 이 학교에서만큼은 나도 '정상'이라고 느꼈어요. 퀸스에서 초등학교와 중학교를 다녔을 때는 나를 받아들여 준다, 나도 정상이다, 이런 느낌이 없었거든요. 하지만 이 학교에서만큼은 너드(nerd)여도 괜찮았어요. 나는 진짜 너드거든요." 그의 말에서 다양해지는 것이 생각만큼 두려워할 일이 아닐 수 있다는 가능성을 엿본다.

다시 2월 18일 오후 2시. 중앙아파트 앞에 오마르 씨의 식자재 트럭이 와 있다. "안녕하세요, 또 보네요." 전에 마르와네서 먹은 건과일이 참 맛있었다며 월수 씨가 식사재 더미를 두리번거렸다. 오늘은 아쉽게도 없다. 인상이 좋은 오마르 씨는 다음 주에 다시 와 달라고 했다. 월수 씨는 찾던 건과일 대신 대추야자를 8000원어치 샀다. 라마단 중 금식 후 첫 저녁 식사로 먹지만 열량이 높아서 평소 간식으로도 좋다. 때마침 장 보러 나온 자말 씨와 아미나를 만날 수 있었다. 시간 가는 줄 모르고 저마다 안부 인사가 이어졌다. 아이들은 주차장에서 공을 차고 술래잡기를 하며 노느라 여념이 없다. 가끔 한국어도 들린다. "안 내면 술래. 가위바위보!" 어느새 비는 그쳐 있었다.

다시 찾은
중앙아파트

꽃무늬 잔에 담긴 건 녹차였다. 혹시나 아프간의 전통차라면 기사에 필요하겠다 싶어 물었는데, 그냥 녹차였다. 우즈베키스탄 수도인 타슈켄트에서 생산된 것으로, 사지아 씨가 할랄 식품점에서 구했다. 생크림이 발린 길쭉한 빵도 그냥 크림빵이다. 인터뷰가 늘 이렇게 갈피를 잃는다. 쟁반만한 접시에 마카다미아와 호두, 대추야자와 건포도를 한가득 내오던 사지아 씨가 이것저것 답해 주느라 바빴다. 2023년 2월, 사지아 씨의 집에서 그를 처음 만난 날이다. 한국인 이웃을 사귀었는지, 사는 데 어려움은 없는지, 반발 여론을 알고 있는지……. 뭉툭하고 무례하기까지 했을 법한 질문에도 싫은 기색 없이 자신의 이야기를 찬찬히 꺼내 주었다. 그의 여정을 들으면서 취재 수첩도 성급함도 내려놓아야겠다고 생각했다.

접시 가득 견과류와 녹차에 직접 구운 빵까지 나오자 거실 탁자에 꽉 들어찬다. 사지아와 자말 가족을 만날 때마다 극진한 대접을 받았다. 저녁 먹고 가라며 붙잡을 땐 예의상 하는 말이겠지 싶었다. 괜찮다고 했더니 다소 실망한 듯한 얼굴들을 보면서, '손님을 사랑한다'는 아프간 문화를 실감했다. 별난 경험은 아니었다. 아미나와 마르와는 인터뷰하고 싶다고 먼저 손을 들어 주었고 주차장에서 만난 와리스도 갑작스러운 인터뷰 제안에 흔쾌히 응했다. 서투른 질문 탓이거나 이들의 복잡다단한 사정에 끝내 가닿지 못한 인터뷰어의 한계 탓일 수 있지만, 이들은 만날 때마다 자신들을 도와준 한국인들에게 진심으로 고맙다고 말했다. 학교에 다닐 수 있어서, 돈을 벌 수 있어서, 그렇게 가족을 지킬 수 있어서 고맙다고. 아프간인들에 대한 반발 속에서도 이들이 한국에 대해 느낀 건 아이러니하게도 안전함이었다. 그 덕분인지 취재하면서 환대받는 순간이 많았다.

2023년 2월, 7월, 9월, 11월에 아프간 가족을 만나기 위해 울산과 인천을 찾았다. 기사를 한번 쓰고 나면 다시 현장에 가지 못하고 연락이 뜸해지는 경우가 많은데, 이 책을 쓰면서 '그 뒷이야기'를 들을 수 있는 소중한 기회를 얻었다. 전에 만나지 못한 이, 인터뷰하고도 분량 때문에 기사에 넣지 못한 이들의 경험을 새로 담을 수 있었다. 다시 만난 아프간 가족들의 삶에는 적지 않은 변화가 있었다. 이들과 함께하는 한국인들의 경험도 차곡차곡 쌓이고 있다. 여기 이어지는 것은 울산에서 보낸 1년, 그다음 이야기다.

사지아와 자말 가족은 2023년 6월에 인천으로 이사했다. 울산에서 자말 씨의 건강이 하루가 다르게 안 좋아지면서 결심한 이사다. 허리와 어깨의 통증으로 몇 달 동안 병원 치료를 받은 데다 우울감까지 심해졌다. 일이 고된 탓이다. 병원 세 군데를 가 봤는데, 의사가 "다른 일을 찾아보는 게 좋겠다"고 조언했다고 한다. "다른 일요? 울산에서는 찾기 어려워요." 사지아 씨는 아무래도 남편이 혼자 일하느라 몸에 무리가 간 것 같다고 생각했다. 자신도 같이 일할 수 있는 곳이라면 어디든 괜찮은 심정이었다. 그리고 알음알음 수소문 끝에 찾은 곳이 인천 남동구에 있는 작은 제조 업체다. 산업단지가 조성된 인천은 일자리가 많은 데다 아프간 특별기여자 몇몇이 이미 살고 있어서 안심되었다. 2022년 1월, 여수 체류가 끝난 뒤 울산 대신 경기도를 선택한 이들이다.

한국인 조력자는 인천에도 있다. 이주민 지원 센터에서 일하는 김정하 씨(가명)다. 한국밀알선교단 인천지부에서 의료팀 간사로 일하던 중 2002년 아프간 긴급 구호 활동에 참여했다. 전쟁 직후 혼란에 빠진 아프간 재건을 돕기 위해 기아대책, 굿네이버스 같은 국제NGO들이 아프간에 들어가고 있었다. 정하 씨는 그곳에서 폭격으로 무너진 학교와 진료소를 다시 짓고 아이들을 가르쳤다. 그가 진료하러 마을을 방문할 때면 치료를 받기 위해 두세 시간이 넘는 길을 걸어오는 이들도 많았다고 한다. 하지만 2007년 7월 선교단 피랍 사건이 터지면서 아프간을 급히 떠날 수밖에 없었다. 그후 파키스탄과 타지키스탄을 거쳐 2018년부터 김포에 '온누리 M센터'를 세우고 이주민 사역에 매진하고 있었는데, 아프간 사람들이 한국에 온다는 소식을 듣게 된 것이다. 아프간을 떠나고 15년 만이었다. "말 그대로 달려갔죠. 너무 반가웠거든요." NGO에서 그를 돕던 10대 아프간 청소년들이 어엿한 30대 가장이 되어 있었다.

다리어를 할 줄 아는 정하 씨가 이때부터 아프간 특별기여자의 경기도 정착에 함께했다. 김포에는 여덟 가구가 이주했고, 인천의 한 초등학교에 아프간 가정의 아이들 아홉 명이 한꺼번에 입학하면서 역시나 한국어 강사가 급한 상황이었다. 그때부터 정하 씨는 통역가이자 한국어 강사, 사회복지사가 되었다.

아프간 기여자들이 뿔뿔이 흩어졌기 때문인지 경기도에선 주민들의 반발이 크게 가시화되지 않았다. 정하 씨가 보기엔 특별히 관심을 기울이지 않는 분위기였다. "사업을 위해 예전부터 와 있는 무슬림 공동체가 많았거든요. 할랄 식자재를 파는 가게들도 있고, 히잡을 쓰고 다니는 여성도 늘 보니까 지역 주민들은 큰 관심이 없더라고요." 물론 아예 없지는 않았다. 아프간 사람에게 세를 주지 않겠다는 임대업자, 일을 구하려면 히잡을 쓰지 말라던 고용주도 있었다. 그럼에도 중고차 매매 단지를 중심으로 아프간 공동체가 지역사회에 오래전부터 자리 잡은 덕에, 아프간 특별기여자들도 새 터전에 만족도가 높은 편이었다. "고국에 있는 가족에게 물건을 보내기도 쉽고 필요한 서류를 받을 수 있는 곳이거든요." 울산에 있던 가족 몇몇이 인천으로 이사할 마음을 먹은 배경이기도 하다.

사지아와 자말 부부가 새로 들어가게 된 회사는 세탁기, 냉장고, TV 같은 가전제품의 커버를 조립하는 공장이다. 직원이 열 명 남짓한 작은 회사인데 자말 씨와 사지아 씨가 함께 일할 수 있다. 사지아 씨에겐 아프간에서 했던 아기 옷 만들기 사업을 제외하면 첫 경제활동이다. 볼트를 조이고 조립하는 단순 노동이라 할 만했다. "부장님이 한 번 보여 주면 따라할 수 있어요. 어려우면 남편에게 물어봐요." 무엇보다 히잡을 쓰거나 점심시간에 기도를 하는 것도 괜찮다고 했다. 도시락도 직접 싸 올 수 있다. 한국인 직원들과 식당에 몇 번 갔지만 반찬 없이 밥만 먹는 사지아 씨를 보며 사장님이 먼저 제안했다. "일이 많이 어려운데 밥을 충분히 안 먹으면 아플 수도 있어." 사지아와 자말 부부는 좋은 직장을 찾은 것 같아 다행이라고 생각했다.

6월 22일, 중앙아파트에서 떠나던 날은 말 그대로 눈물바다였다. 고향을 떠나 타지살이를 하면서 아프간 가족끼리도 그새 미운 정 고운 정이 들었다. 아이들은 전날 밤까지 사지아 씨 집에 모여 이야기꽃을 피웠다. 아마도 꽤 오랫동안 만나기가 어려워지리란 사실을 눈치챈 듯했다. 사지아 씨네와 연락을 주고받던 윤정 씨는 급히 알리가 일하는 식당을 찾았다. 이사 전날까지 알바하던 알리를 보고 작별 인사를 하기 위해서다. 대학을 다니며 새벽 1시까지 알바를 한다더니, 살이 쏙 빠져 있었다. "알리, 왜 이렇게 살이 빠졌어. 일이 많이 힘든가 봐." 윤정 씨의 걱정에 알리는 그동안 고마웠다며 인천에 가서도 연락하겠다고 말했다.

이사 간 집은 중앙아파트보다 볕이 잘 들었다. 방 세 칸에 넓은 부엌과 베란다도 있다. 울산에서는 내지 않아도 될 월세가 생겼지만 괜찮다. 습기가 많은 중앙아파트에서 아토피가 있는 이먼이 밤마다 힘들어했기 때문이다. 파르니 안과 이먼은 집 앞 5분 거리에 있는 초등학교를 다니고 있다. 외국인 학생 중 유일한 아프간 학생이라서 좋다고 했다. "서부초등학교에서는 친구가 조금 있었어요. 여기는 처음에 왔을 때부터 한국 친구가 많이 생겼어요." 키도 4센티씩이나 자랐다는 이먼이 머리 위로 손을 뻗으며 자랑했다. "울산에서는 이슬람 사람이 없었어요. 사람들이 '우리 아이 외국인 보면 무서워요.' 그랬어요. 아이들은 공원에 갈 수 없었어요. 여기는 괜찮아요. 언제든 갈 수 있으니까요." 외국인 비율이 높은 인천은 아프간 가족이 새롭게 출발하기에 나쁘지 않은 곳이었다.

7월 9일은 울산에 살던 아프간 가족 두 팀이 인천으로 이사하는 날이었다. 자리프 씨와 파리디 씨 가족이다. 아버지들의 허리와 손목 통증 등 자말 씨와 비슷한 이유로 이사를 결정했다. 새벽부터 출발했는데도 오후 2시가 되어 도착했다. 짐을 풀자마자 사지아 씨의 인천 집에 도착한 이들은 뺨을 갖다 대며 아프간식 인사를 했다. 메흐리아 씨와 포옹을 하던 사지아 씨 눈에는 눈물이 그렁그렁 맺히고 말았다. "가족처럼 지내던 이웃들이 와서 너무 좋아요." 그동안 어떻게 지냈는지, 인천에서 살기는 어떤지 현관에서부터 이야기보따리가 풀린다. 세 가족의 아이들까지 모이니 조용하던 거실이 동네 놀이터라도 된 듯 왁자지껄해졌다.

인천으로 이사하면서 알리는 대학을 그만둬야 했다. 인천에서 대학에 다닐 방법을 알아보기도 했는데 돈이 많이 들었다. 아들이 공부를 계속 하기를 바란 사지아 씨는 안타까웠다. 그의 사연을 알고 있던 정하 씨가 수소문한 끝에 강원도의 한 전문대에 외국인이 입학할 수도 있다는 사실을 알게 되었다. 고등학교 졸업장이 있으니 일단 면접을 보자고 했다. "한국어와 영어를 잘하고 무엇보다 본인이 의지가 강했다고 하더라고요." 정하 씨가 말했다. 알리는 2023년 11월에 합격 통보를 받았다. 의료공학 전공으로 2024년 3월부터는 기숙사에 들어갈 예정이다. 사지아 씨는 더할 나위 없이 기쁘면서도 큰아들을 이제 자주 못 본다는 생각에 속상했다. 옆에 있던 자말 씨가 "괜찮을 거다, 잘 될 거다." 하며 다독였다. 아무래도 울산에서보다 인천에서는 혼자 해결해야 하는 일투성이다. 정착 지원이 사라져 막막했던 적도 있지만 가족들은 조금씩 새 보금자리에 적응해 가고 있었다. 사지아 씨와 자말 씨가 직면한 요즘 최대 고민은 무료로 한국어 수업을 받을 곳을 찾는 것이다.

아미나는 6학년이 되었다. 한국 문화 적응반이 2022년에 마무리되고 2023년부터는 총 여섯 학급에 아프간 학생이 한 명씩 배정되었다. 한국 친구들과 한 반이 된 게 "조금 부끄럽다"가도 "재밌다"고 말했다. 그래도 아직 가장 친한 친구는 한 살 차이 마르와다. 블랙핑크의 리사와 BTS의 슈가를 좋아한다는 둘은 초등학교의 여자 축구팀에도 함께 들어갔다. 마르와는 여전히 활발한 데 비해 아미나는 고민이 많아진 듯했다. 지금은 이란에 있는 어머니가 언젠가 한국에 올 수 있기를 바란다.

고 2가 된 와리스는 학교 생활과 아르바이트를 병행하고 있다. 6시부터 10시까지 식당에서 서빙을 한 지 10개월째다. 함께 일하는 동료들 덕분에 한국 문화도 많이 알게 되었다. 언젠가 "아프가니스탄이 어디야?" 하고 묻길래 와리스가 휴대전화로 구글 지도를 켜서 설명해 주었다. 역사에 관심이 많은 와리스는 최근 친구와 영화 〈서울의 봄〉을 보기도 했다. 아프간에서 일어난 일과 매우 비슷하다고 느꼈다. "아프간은 많은 고통을 겪었지만 언젠가 더 나아질 거라고 믿어요. 다른 나라들이 아프간을 방문해 보고 기뻐

할 때가 오면 좋겠어요." 친형이 남아 있는 아프간으로 돌아가고 싶지만, 한국에 계속 살고 싶기도 하다. "한국 정부는 우리를 가족처럼 여기고 집과 일을 주었어요. 언젠가는 한국에게 받은 모든 좋은 것들을 이곳에서 일하면서 보답하고 싶어요."

아프간 주민들의 민원을 전담하던 김지수 사회복지사는 2023년 6월에 그만두었다. 이정숙 센터장이 아쉬움에 붙잡았지만 1년 차 사회복지사가 감당하기에는 버거운 일이 많았다. 이 센터장은 다른 사회복지사를 구했다. 다문화센터의 정착 지원 사업은 2023년 12월을 끝으로 마무리되었다. 중앙아파트 101호에는 김재현 통역사가 상주하며 정착 지원을 하고 있다.

김호산나 통역사는 2023년 9월에 대학으로 돌아갔다. 더는 휴학계를 낼 수 없기도 했고, 아프간 가족들의 정착이 어느 정도 마무리된 만큼 하나하나 통역할 일도 줄어들었다. 유아교육을 전공하는 그는 언젠가 교육 현장에 돌아갈 계획이다.

박현도 교수와 이수정 교수는 가끔 울산에 방문하며 이슬람 이해 교육을 진행한다. 최근 이스라엘과 하마스의 전쟁으로 서아시아 정세가 불안해지면서 그 어느 때보다 바쁘다.

한국어 강사 이현주 씨는 2023년에도 울산의 한 중학교에 출근하고 있다. 마리암의 아버지가 이직하면서 마리암도 전학하게 되었는데, 현주 씨가 마침 그 학교로 배정되었다. 2022년에 하루 네 시간씩 가르치던 수업이 2023년에는 일주일에 네 시간으로 줄었다. 남는 시간에 지역의 복지관에서 한국어 수업을 진행하는 그가 우크라이나-러시아 전쟁 이후 고려인이 많이 들어왔다고 전해 주었다.

난민 환대 목소리를 내던 이귀연 씨도 작은도서관에서 활동을 이어 가고 있다. 1년 전 아프간 난민 환대 기자회견을 주최한 시민사회단체에 이름을 올린 뒤 한동안 사람들의 발길이 끊겼던 작은도서관이 다시 예전의 활기를 찾았다. 김혜진 씨와 이송희 씨는 아프간 가족들과 계속 교류하고 있다. 단짝이 된 주할과 다온도 마찬가지다.

2023년 11월 11일, 인천 연수구의 한 축구장에서 축구 경기가 열렸다. 인천에 사는 아프간 특별기여자 가정 청소년들과 화성에 사는 우즈베키스탄, 키르기스스탄 청소년들의 친선경기다. 정하 씨가 일하고 있는 화성 온누리 M센터에 오는 중앙아시아 출신 노동자가 많다. 그중에는 가정을 이룬 사람도 있다. 다문화 가정 자녀들의 나이가 엇비슷하니 교류해 보자고 정하 씨가 제안했다. 마침 아프간 아이들이 축구를 잘한다는 소문은 인천에도 꽤 퍼진 듯했다.

토요일에도 출근하는 사지아 씨와 자말 씨는 일이 끝나자마자 축구장으로 향했다. 큰아들 알리와 막내아들 이먼이 출전했기 때문이다. 날은 다행히 춥지 않고 선선했다. 조명이 켜진 드넓은 축구장에 저마다 다른 언어로 부르는 응원가가 울려 퍼졌다. 이날 경기 결과는 5 대 0. 아프간 팀의 완승이다. 이 소식을 전하는 이먼은 신이 났다. "한국 팀은 다들 키가 크고 중학생이 많았어요. 우리 팀은 네 명만 중학생이었는데도 이겼어요." 옆에서 듣고 있던 자말 씨가 한국 팀이 아니라 우즈베키스탄 팀이라고 정정해 주었다. 어느 나라 팀인지는 이먼에게 중요하지 않았다. 실제로 아프간 팀에 타지키스탄 사람이 있었고, 우즈베키스탄 팀에서는 한국 사람이 같이 뛰었다. "우리 내년 봄에 또 하자." 이먼을 포함한 10대 남자아이 몇몇은 경기가 끝나고도 연락을 이어 가기로 했다. 울산에서 그랬듯, 인천에서도 삶은 이어지고 있다.

1   윤용선, 「21세기 독일 박물관의 이주 전시」, 《통합유럽연구》 14권 1집(통권29호), 서강대학교 국제지역문화원, 2023, 195쪽.

2   송윤경, 「아프간, 너에게 우린, 우리에게 넌」, 《경향신문》, 2021년 8월 28일. https://m.khan.co.kr/politics/politics-general/article/202108281417001#c2b

3   서혜림, 「가까스로 'IS테러' 피한 아프간 이송팀… 첩보 입수 뒤 작전에 속도」, 연합뉴스TV, 2021년 8월 27일. https://www.yna.co.kr/view/MYH20210827019000038

4   다큐 인사이트, 「카불 기적의 밤」, KBS, 2021년 10월 7일. https://vod.kbs.co.kr/index.html?source=episode&sname=vod&stype=vod&local_station_code=00&program_id=PS-2021138707-01-000

5   고용노동부 외국인고용관리시스템(EPS) 누리집 자료실의 용어 사전.

6   이병하, 「난민 위기의 원인과 해결책 그리고 환대의 윤리」, 《국제정치논총》 57집 4호, 한국국제정치학회, 2017, 226쪽.

7   난민인권센터 '국내 난민 현황'(2020.12.31 기준). https://nancen.org/2166

8   김원경, 「아프간 특별기여자 '울산살이' 시작」, 《울산제일일보》, 2022년 2월 7일. http://www.ujeil.com/news/articleView.html?idxno=297022

9   이광빈·이진, 『힙 베를린, 갈등의 역설』, 이은북, 2021, 250쪽.

10 이은기, 「울산에서 살아 돌아온 진보 교육감의 '시즌2'」, 《시사IN》, 2022년 6월 22일. https://www.sisain.co.kr/news/articleView.html?idxno=47740

11 제198회 울산광역시의회(임시회) 본회의 회의록.

12 앞의 《시사IN》 인터뷰 녹취본에서 발췌.

13 국제엠네스티 인권뉴스, 「탈레반이 아프간 소녀들의 등교를 다시 금지했다」, 2022년 4월 6일. https://amnesty.or.kr/44986/

14 이보라·이효상, 「배우자는 1명, 자녀는 미성년자만… 정부, 아프간 특별기여자 가족 '선별' 수용」, 《경향신문》, 2022년 2월 15일. https://m.khan.co.kr/national/court-law/article/202202150600011#c2b

15 노옥희 교육감 페이스북, 2022년 3월 19일.

16 변수정 외, 『〔연구보고서 2021-37〕 사회통합의 또 다른 시각: 이주민이 인식한 한국 사회의 수용성』, 한국보건사회연구원, 2021, 344쪽.

17 울산시교육청, 설명 자료: "아프간 아이, 남의 차 들여다보고 문 열어", 2022년 4월 5일.

18 권준모, 「반발에 부딪힌 아프가니스탄 난민 혐오 조장」, 《노동자연대》, 2022년 4월 19일. https://wspaper.org/article/27664

19 탐사보도팀, 「무슬림, 신라 시대부터 한반도에 살았다」, 《연합뉴스》, 2020년 10월 22일. https://www.yna.co.kr/view/AKR20201021084400501

20 이수정, 『타인을 기록하는 마음』, 메디치미디어, 2022, 29쪽.

21 최낙준·최서리, 「〔이슈브리프 2018-14호〕 독일 손님노동자제도와 터키 이민자 수용 방식의 교훈」, 이민정책연구원, 2018, 4쪽.

22 윤용선, 앞의 글, 2023, 183쪽.

23 이수정, 「한국 사회의 무슬림 이주 동의와 수용」, 《디아스포라연구》 16권 1호(통권 31집), 전남대학교 글로벌디아스포라연구소, 2022, 169쪽.

24 이수정, 앞의 글, 《디아스포라연구》, 2022, 165쪽.

25 김수진, 「이란 여성의 히잡 착용은 의무가 아니었다?」, 《연합뉴스》, 2022년 10월 24일. https://www.yna.co.kr/view/MYH20221024016300704

26 김청환, 「'다문화학생' 아니라 '이주배경학생'이라 불러야 하는 이유는」, 《한국일보》, 2023년 11월 25일. https://m.hankookilbo.com/News/Read/A2023112312270000729

27 이주 배경 인구란, 귀화 내국인과 이민자 2세 및 외국인 인구를 더한 것이다.

28 한국교육개발원 교육통계서비스.

29 김무인, 『다문화 쇼크』, 스리체어스, 2022, 49·52쪽.

30   국회 교육위원회 소속 강득구 의원(더불어민주당), 교육부 자료 분석 결과, 2022년 10월 11일.

31   이수정, 앞의 글, 《디아스포라연구》, 2022, 161쪽.

32   박중엽, 「배광식 북구청장, "이슬람 사원 중재 어려워… 내국인 차별 우려"」, 《뉴스민》, 2022년 9월 13일. https://www.newsmin.co.kr/news/77635/

33   박중엽, 「이슬람대책위, "배광식 북구청장, 사실 관계 왜곡" 비판」, 《뉴스민》, 2022년 9월 16일. https://www.newsmin.co.kr/news/77838/

34   박중엽, 「대구 대현동 이슬람 사원 앞에 돼지머리가… 북구청, "우리와 관련 없다"」, 《뉴스민》, 2022년 10월 31일. https://www.newsmin.co.kr/news/80041/ 2023년 1월 18일에 대구 북구청이 문화체육관광부, 대구시와 간담회를 열고 이슬람 사원 인근 터를 매입해 공공시설로 조성한다는 중재안을 내놨으나 주민 대부분이 반대 의사를 밝혔다. 그 뒤 6월 30일에는 홍준표 대구시장이 "글로벌 대구를 위해서는 이슬람에 대한 오해를 불식해야 한다. 일부 종교 세력의 반대에 함몰되면 대구의 폐쇄성을 극복할 수 없다"고 발언해 화제가 되었다. 8월에는 유엔 인권위원회가 대한민국 외교부에 '대구 이슬람 사원 건립 방해는 인권침해'라는 뜻을 담아 공식 서한을 보냈다.

35   2023년 4월 5일에 치른 울산시교육감 보궐선거에서 진보 진영의 천창수 후보가 당선했다. 노 교육감의 배우자이자 노동운동가다.

36   이민정책연구원, 『〔정책 보고서〕 국내 이민자의 경제활동과 경제 기여 효과』, 2016.

37   2021년 국민 다문화 수용성 조사 대상은 만 19~74세의 일반 국민 5000명과 중·고등학교 재학생 5000명이다.

38   성인의 경우 20대 54.4점, 30대 52.98점, 40대 52.77점, 50대 51.8점, 60세 이상 49.98점 순이다. 청소년은 중학생 73.15점, 고등학생 69.65점으로 조사되었다.

39   Amy Stuart Wells, Lauren Fox and Diana Cordova-Cobo, "How Racially Diverse Schools and Classrooms Can Benefit All Students", *Report K-12*, The Century Foundation, 2016. 2. 9.

미래를 먼저 경험했습니다

아프간 난민과 함께한 울산의 1년

초판 1쇄 발행 2024년 3월 25일
초판 5쇄 발행 2024년 12월 13일

지은이 | 김영화
교정 | 김정민
디자인 | 위드텍스트 이지선

펴낸이 | 박숙희
펴낸곳 | 메멘토
신고 | 2012년 2월 8일 제25100-2012-32호
주소 | 서울시 은평구 연서로26길 9-3(대조동) 301호
전화 | 070-8256-1543 팩스 | 0505-330-1543
전자우편 | memento@mementopub.kr

ⓒ김영화·《시사IN》
ISBN 979-11-92099-31-6 (03330)